BEI GRIN MACHT SICH IHR
WISSEN BEZAHLT

Jonas Hässig

Stanley Tookie Williams - Die Wandlung vom Gangsterboss zum Kinderbuchautor

GRIN Verlag

Bibliografische Information der Deutschen Nationalbibliothek:

Die Deutsche Bibliothek verzeichnet diese Publikation in der Deutschen National-
bibliografie; detaillierte bibliografische Daten sind im Internet über http://dnb.d-
nb.de/ abrufbar.

Impressum:

Copyright © 2011 GRIN Verlag GmbH
Druck und Bindung: Books on Demand GmbH, Norderstedt Germany
ISBN: 978-3-656-35791-9

Dieses Buch bei GRIN:

http://www.grin.com/de/e-book/207946/stanley-tookie-williams-die-wandlung-vom-
gangsterboss-zum-kinderbuchautor

GRIN - Your knowledge has value

Der GRIN Verlag publiziert seit 1998 wissenschaftliche Arbeiten von Studenten, Hochschullehrern und anderen Akademikern als eBook und gedrucktes Buch. Die Verlagswebsite www.grin.com ist die ideale Plattform zur Veröffentlichung von Hausarbeiten, Abschlussarbeiten, wissenschaftlichen Aufsätzen, Dissertationen und Fachbüchern.

Besuchen Sie uns im Internet:

http://www.grin.com/

http://www.facebook.com/grincom

http://www.twitter.com/grin_com

Stanley Tookie Williams

Die Wandlung vom Gangsterboss zum Kinderbuchautor

Jonas Hässig
Gymnasium Burgdorf
Oktober 2011

Inhaltsverzeichnis

1. Vorwort

Stanley Tookie Williams, Mitgründer der Crips, der grössten schwarzen Strassengang in den Vereinigten Staaten, Bodybuilder, Insasse der Todeszelle von San Quentin, Kinderbuchautor und mehrfach Nominierter für den Friedens- sowie den Literaturnobelpreis, wurde im Dezember 2005 durch die Giftspritze in Kalifornien hingerichtet. Wie wurde ich auf diese faszinierende Persönlichkeit aufmerksam, und was bewegte mich dazu, meine Maturaarbeit über dessen Leben und Arbeit zu schreiben?

Schon seit mehreren Jahren bin ich ein begeisterter Hörer von Rap & Hip Hop. Anstatt die Musik einfach nur zu konsumieren, konzentrierte ich mich vermehrt auf die Songtexte und die Leute dahinter. Dabei stolperte ich über mir damals fremde Begriffe wie „set tripping"[1], „slobs"[2] oder „crabs"[3]. Und schon befand ich mich mitten in den Recherchen über zwei der grössten und berüchtigtsten Strassenbanden, die heute in den USA aktiv sind – die Crips und die Bloods.

Ich wurde in den Bann gezogen von den Geschichten der afroamerikanischen Unterklasse über Gewalt, Drogen und Gangs. Mitten in Los Angeles ist ein Krieg im Gang, der schon dreissig Jahre andauert und in der Weltpresse selten erwähnt wird: der Krieg zwischen den Crips, die sich ganz in Blau kleiden und den Bloods, die sich durch die rote Farbe identifizieren. In den letzten zwanzig Jahren zählte man 15'000 Morde im Zusammenhang mit diesen beiden Gangs, das sind mehr Tote, als es im gesamten Nordirland-Konflikt gab.

Ich war geschockt von diesen Zahlen und fragte mich, wieso diese katastrophalen Zustände mitten in einigen der grössten Städte der Weltmacht USA nicht für ein grösseres Aufsehen sorgen. Um einen Einblick zu erhalten, was da in South Los Angeles, dem Ursprungspunkt dieser Gangs, genau schief lief, besorgte ich mir einige autobiografische Bücher ehemaliger Gang-Mitglieder. Darunter war zum Beispiel „Inside the Crips" von Colton Simpson, dessen Buch ihn hinter Gitter

---

[1] Die Kriegshandlung zwischen zwei verfeindeten Gangs

[2] Abschätzender Name für Bloods (oft gebraucht von den Crips)

[3] Abschätzender Name für Crips (oft gebraucht von den Bloods)

brachte, da er darin detaillierte Beschreibungen seiner Raubüberfälle abgibt, welche vom Gericht als Geständnisse interpretiert wurden. Mit dem Buch „Monster" von Sanyika Shakur hatte ich einen Einblick in die zweite Generation der Crip-Krieger, zu Zeiten als die Gang-Mitglieder noch in ihren tiefgelegten Chevys und mit schwenkenden blauen Bandanas und erhobenen AK-47 durch die Strassen fuhren. Heute verraten sich die Bandenmitglieder den gegnerischen Gangs und der Polizei nicht mehr durch Tragen ihrer Gang-Farben. Am meisten jedoch beeindruckte mich Stanley Tookie Williams' „Redemption", das Buch, in dem der Mitgründer der Crips und sogenannte OG[4] seinen Weg zur Reue beschreibt: Die Geschichte vom Gangsterboss, der sich im Gefängnis zum Kinderbuchautor, mit dem Ziel Gewaltprävention zu leisten, entwickelte.

Einige von Ihnen mögen sich sicher noch an die weltweite Medienpräsenz von Williams erinnern, als er 2001 von Mario Fehr, dem Schweizer Parlamentarier, zum Friedensnobelpreis nominiert wurde. Und noch mehr erinnert man sich wohl daran, als 2005 sein Gnadengesuch vom damaligen Gouverneur von Kalifornien, Arnold Schwarzenegger, abgelehnt wurde. Somit war die Brücke nach Europa und mit Mario Fehr auch speziell in die Schweiz geschlagen und ich beschloss, meine Maturaarbeit über Stanley Tookie Williams und dessen Arbeit als Autor und Friedensstifter zu verfassen.

Um die Verbindung zur heutigen Zeit und die Relevanz meiner Arbeit zu verstehen, muss man folgendes verstehen: Die Art von Kriminalität, die die Leute ins Gefängnis bringt, kommt vor allem in armen Wohngegenden vor, die sich durch eine hohe Arbeitslosenquote auszeichnen. Ich spreche von strafbaren Handlungen gegen Leib und Leben, gegen das Vermögen und gegen die Freiheit, wie zum Beispiel Mord, Körperverletzung, Raub und Menschenhandel.

Aktuell (Oktober 2011) protestieren Tausende von Studenten, die Mühe haben Jobs zu finden, aber auch andere Demonstranten an der Wallstreet gegen die Macht der Banken. Bloomberg, Bürgermeister von New York, sagte in einem Interview zu diesen „Occupy Wall Street"-Protesten, dass es verheerend für eine ganze Generation junger Amerikaner sei, eine 9,1-prozentige Arbeitslosenquote zu haben,

---

[4] Original Gangster: Die Personen die von Anfang an bei einer Gang dabei waren, bzw. die Gang gegründet haben.

4

und dass es, wenn es so weitergeht, zu ähnlichen Ausschreitungen wie in Griechenland kommen könnte.

Doch wer spricht von der 40-prozentigen (!) Arbeitslosenquote, die in einigen schwarzen Wohngebieten in den USA schon seit Jahrzehnten herrscht? Versteht man diese Tatsache, werden die riesigen Kriminalitäts-Probleme, die in einigen armen Vierteln der USA herrschen, etwas verständlicher.

Im Rahmen meiner Untersuchungen hatte ich Kontakt mit Barbara Becnel, Franziska Greber und Mario Fehr, was mir hilfreiche Aufschlüsse für die Arbeit lieferte. Ich möchte diesen Leuten dafür herzlich danken. Auch danke ich Jakob Scheuermeier für die Betreuung meiner Arbeit. Zudem danke ich Heinz Stöckli, Eva Marti Sharma, Ueli Friederich und meinen Eltern (Christine und Adrian Hässig) für das Korrekturlesen.

2. Abstract

Stanley Tookie Williams' unglaubliches Leben kann grundsätzlich in drei Phasen eingeteilt werden. In der ersten Phase seines Lebens wurde Williams mehrmals von der Schule verwiesen, landete wegen diversen Kleindelikten mehrmals in Jugendanstalten und gründete zusammen mit Raymond Washington die berühmte Crip-Gang, die heute weltweit sogar Nachahmer-Gangs inspiriert hat. Nach der Gründung der Crips startete Williams eine inoffizielle Bodybuilder-Karriere, und er wurde immer gewalttätiger. Zudem fiel er in eine gravierende Drogensucht, um der hoffnungslosen Realität, in der er auch angeschossen wurde, zu entfliehen. Und die Crips machten unter Williams' „Führung" immer mehr negative Schlagzeilen. Mit 26 Jahren wurde er wegen vierfachen Mordes verhaftet.

Die zweite Phase lässt sich am besten als Übergangsphase beschreiben. Es waren die zwei Jahre, die Williams in Untersuchungshaft verbrachte. Von den Behörden durch starke Beruhigungsmittel absichtlich ruhig gestellt, soll dort Williams unfähig gemacht worden sein, dem Gerichtsverfahren zu folgen. Durch zweifelhafte Zeugenaussagen und fragwürdige Beweise wurde er wegen vierfachen Mordes zum Tode verurteilt. 25 Jahre später sagte Williams' Anwältin an seiner Beerdigung, dass es sehr wahrscheinlich sei, dass die Zeugen die Mörder waren und Williams nicht direkt mit den Morden zu tun hatte. Ist also ein unschuldiger Mann hingerichtet worden?

Die dritte Phase seines Lebens verbrachte Williams im berühmten und brutalen Gefängnis von San Quentin. Während er sich in den ersten Jahren noch auf die gefängnisinternen Konflikte einliess und die meiste Zeit in Isolationshaft verbrachte, begann er sich nach einiger Zeit zu ändern. Er begann zu lesen und lernte ganze Fremdwörterbücher auswendig. Der Gangsterboss entwickelte sich allmählich zum gebildeten Mann. Nach vielen Jahren ohne weitere gewalttätige Zwischenfälle im Gefängnis schwor Williams den Crips ab. Er traf die Journalistin und Autorin Barbara Becnel und begann mit ihr Kinderbücher zu schreiben, die die Kinder präventiv von Gangs und Gewalt abhalten sollten. Der Rest ist Geschichte. Nachdem er für den Friedens- und Literaturnobelpreis nominiert wurde, lehnte Arnold Schwarzenegger, der damalige Gouverneur von Kalifornien, sein Gnadengesuch ab, und er wurde 2005 durch die Giftspritze hingerichtet.

3. Einleitung

Das Primärziel meiner Arbeit ist es, einen umfassenden Blick auf Stanley Tookie William's Leben mit all seinen verschiedenen Facetten zu werfen.

Im ersten Teil möchte ich ein lebendiges Bild auf Williams' Jugend und seine Entwicklung zum Gangsterboss aufzeichnen. In dieser Zeit wurde der Grundstein für Williams' späteres Leben gelegt, was ich im ersten Kapitel verständlich machen will.

Im Mittelteil werfe ich einen Blick auf die zwei Jahre, die Williams nach seiner Verhaftung in Untersuchungshaft verbracht hatte. Ich möchte herausfinden, wie das vierfache Todesurteil zu Stande kam, und diskutieren, ob das angeblich ungerechte Gerichtsverfahren und die Verurteilung gerechtfertigt waren.

Im dritten und letzten Teil will ich herausfinden, welchen Einfluss Williams' Arbeit auf die Gangs weltweit hatte. Ich gehe dabei speziell auf Williams' Arbeit in Sachen Gewaltprävention ein. Welchen Einfluss hatte seine Kinderbuchserie auf die Gang-gefährdeten Kinder und wurde seine Friedensbotschaft erhört? Zudem möchte ich diskutieren, warum Williams' Arbeit und die ausgesprochene Veränderung seiner Persönlichkeit im Gefängnis zum Teil nicht ernst genommen wurden, und wieso die Begnadigung, trotz Nominierungen für den Friedens- und Literaturnobelpreis, abgelehnt wurde. Danach möchte ich die Hinrichtung besprechen, die viel Staub in Sachen Widerstand gegen die Todesstrafe in den USA aufgewirbelt hat. Schliesslich möchte ich herausfinden, ob Williams' Projekte weitergeführt werden und ob neue Veröffentlichungen folgen werden.

4. Der Gangsterboss

4.1 Geburt und Kindheit

"On December 29, 1953, in New Orleans Charity Hospital, I entered the world kicking and screaming in a caesarean ritual of blood and scalpels."

Stanley Tookie Williams

Stanley Tookie Williams III wurde später in den Strassen von Los Angeles bekannt als Big Took. Als Williams noch nicht einmal ein Jahr alt war, verliess sein Vater die Familie. Seine 17-jährige Mutter und „Momma", Williams' Grossmutter, zogen ihn von da an alleine gross. Es herrschten ärmliche Verhältnisse und die Sprüche 13:24 der Bibel wurden wortwörtlich genommen: „He who spareth his rod hateth his son. But he that loveth him chastieth him betimes" (Williams 2004: 4) Williams beschreibt sich selbst als unruhiges Kind, das schon früh begann, kleinere Verbrechen zu begehen: "Motivated by greed and envy, I took to stealing little food items and toys from stores. [...] My philosophy was hardening: adapt and survive. That was the street rule" (Williams 2004: 5).

1959 zogen Williams und seine Mutter in einem Greyhound Bus nach Kalifornien, wo sie sich in einem Apartment im damaligen South Central Los Angeles niederliessen: „I believe it was the lingering racism of Jim Crow – the systematic discrimination against Southern Blacks during the period following the Civil War – as well as my incorrigible behavior that fuelled my mother's desire to migrate to California" (Williams 2004: 5). Damit fanden sich Williams und seine Mutter direkt in dem rassistischen Umfeld von Los Angeles anfangs der 1960er Jahre wieder.

Der 6-jährige Williams prügelte sich mit Gleichaltrigen und wurde dafür von den betrunkenen Eltern seiner Rivalen geschlagen. Er stahl Cookies in kleinen Lebensmittelläden und musste danach zusehen, wie seine Freunde von weissen Polizisten ohnmächtig geprügelt wurden. „I didn't enjoy getting into trouble, I just found the streets more interesting than home. It felt liberating to be able to face the street adventures and to make my own decisions about what I should do. [...] Each time I stepped out into this society – rife with poverty, filth, crime, drugs, illiteracy, and daily, brutal miscarriages of justice – I inhaled its moral pollutants and so absorbed a distorted sense of self-preservation" (Williams 2004: 12, 13). Für Williams wurde dieses vergiftete Umfeld zur alltäglichen Normalität.

Er sagt, er hätte wegen des fehlenden Wissens gar keine Chance gehabt, sich so zu entwickeln, wie er wollte: „Like most of my peers, I stumbled through life „dyseducated", a very different quality than being merely uneducated" (Williams 2004: 14). Im Umfeld, in dem Williams aufwuchs, gab es keine Jugendclubs und Sportclubs. Er war umgeben von Dieben, Spielern, Zuhältern und Prostituierten. Auf den Strassen wurden Hundekämpfe ausgeführt und manchmal wurden nachts Tauben angezündet und gewettet, wie weit sie noch fliegen würden: „Seen through my adolescent eyes, everyone was at war: fathers battled their wives, neighbors were at each other's throats, criminals fought criminals. [...] This was our culture: casually brutal, unspeakably cruel" (Williams 2004: 14).

1963 kam Williams' Schwester Cynthia, von der er nicht wusste, dass es sie gab, mit „Momma" in Los Angeles an. Die beiden hatten immer viele Konflikte auszufechten. „We were as unlike as night and day" (Williams 2004: 18).

Gegen seinen Willen musste Williams oft die Baptistengemeinde besuchen. Dort wurde er auch getauft. Williams nutzte die Kirchenbesuche für erste Annäherungen an das andere Geschlecht.

4.2 Schule

"The time had come for me to enter a place of higher learning. But South Central's educational system was cloning and graduating students who could barely read, write or reason."

Stanley Tookie Williams

In der Schule war zu dieser Zeit eine physische Bestrafung der Schüler noch üblich: „The most popular method of punishment at that time was called „ferule discipline" – a wooden ruler was used to repeatedly beat the inside palms of a child's hand" (Williams 2004: 25). Die Schüler durften laut Williams weder schreiben noch lesen. Es wurde gebastelt, Puzzles zusammengesetzt und Geschichten zugehört, vorgelesen von der Lehrkraft. Bleistifte und Gummis gab es keine im Klassenzimmer. Die Bücher im Klassenzimmer durften von den Schülern nicht angefasst werden, was den kleinen Williams jedoch dazu antrieb, endlich etwas zu lesen. Als er in der Schulbibliothek beim Lesen erwischt wurde, drohte ihm seine Lehrerin jeweils mit einem Anruf nach Hause. "All I wanted to do was to become educated, not battle with a deranged teacher over my constitutional right to read schoolbooks" (Williams 2004: 28).

Neben der Schule reiste Williams mit einigen Freunden oft nach Downtown L.A. wo sie Kleider, Essen, Schmuck und Schuhe stahlen. Daneben putzten sie Schuhe von Passanten, was ihnen ein gutes Taschengeld einbrachte.

Williams berichtet in seinem Buch „Redemption" von einigen schockierenden Erlebnissen, die ihm zu dieser Zeit widerfahren sind: Zum einen wurde er fast zum Opfer einer Misshandlung durch einen pädophilen Lehrer, der ihn und einen Freund zu sich nach Hause bestellte um „Schuhe zu putzen", zum anderen wurden er mit seiner Mutter und Schwester von einem betrunkenen Autofahrer angefahren. „Though my entire body was in pain, it did not compare to the soreness of circumcision" (Williams 2004: 35, 36), womit Williams ein weiteres prägendes Erlebnis beschreibt, das er damals als Strafe auffasste.

Die siebte Klasse besuchte Williams in der Forshay Junior High. Seine Zeit dort beschreibt Williams als nutzlos: „At Forshay I went through the motions of showing up and performing each school task without understanding its purpose. I never harboured dreams of becoming a president, astronaut, banker, millionaire, doctor, fireman or lawyer. Such reveries were absurd to me as Santa Claus. I was conditioned to anticipate a living hell. My future involved no fortunes, no dreams, no miracles, no hope and no peace" (Williams 2004: 36). Dasselbe empfanden während den 1960er Jahren im hoffnungslosen Klima von South Central Los Angeles wohl auch viele andere Teenager. Downtown Los Angeles löste die Schule als Ort seines Interesses ab. Die meiste Zeit schwänzte er die Schule und nahm mit seinen Freunden den Bus nach Downtown L.A. „Downtown Los Angeles became our institution of higher learning; its curricula of thievery, deceit and robbery promised a diploma in criminality" (Williams 2004: 37). Mit der Zeit sorgte sich Williams' Mutter wegen seiner schulischen Abwesenheit und den kleinen Delikten immer mehr um ihn und schickte ihn zu einem Psychiater. Dieser war jedoch ratlos, und nach einigen Monaten besuchte Williams ihn nicht mehr.

Die Freunde seiner Mutter akzeptierte er nicht. „I believed I was grown, making it impossible for any male substitute as a father figure" (Williams 2004: 38). Als Williams Mutter einen Freund, der später sein Stiefvater werden würde, nach Hause brachte, wurde er von Williams als „potenzieller Rivale" (Williams 2004: 43) angesehen. Von nun an verbrachte er und seine Schwester viel Zeit mit den Töchtern ihres zukünftigen Stiefvaters, doch Williams bevorzugte es, draussen mit dem Hund zu spielen. Er war beeindruckt von Hunden, speziell von Hundekämpfen. Hätte seine Mutter dazumal gewusst, dass er schon mehr als „fünfzig blutige Hundekämpfe" gesehen hatte, hätte sie ihn wohl sofort wieder zurück zum „shrink", dem Psychiater geschickt, so Williams[5].

4.3 In der Obhut des Staates

In der High School kam Williams zum ersten Mal in Berührung mit Gangs. Er wurde von einigen Mitgliedern einer Schulbande spitalreif geschlagen, die auf sein Taschengeld aus waren. Als er sich danach mit dem grössten Mitglied der Bande anlegte, wurde er von den anderen Bandenmitgliedern der Schule wieder alleine gelassen. „I gained a reputation as a quiet, tough guy who was also crazy" (Williams 2004: 50).

Nachdem er 20 Dollar aus der Kasse der Schulkantine mitlaufen liess, wurde er zum ersten Mal von der Schule verwiesen. Williams war mittlerweile 15 Jahre alt und seine Mutter schickte ihn auf eine neue High School in der Nähe des Wohnsitzes seines Stiefvaters. Dort traf Williams einige neue Freunde, und eine Clique entstand. „Though not a gang, we began to establish the missing link of camaraderie through common interests: partying, girls, fighting, kinship and hustling" (Williams 2004: 53). Die Schule gehörte nicht auf diese Liste und sie wurde zu nichts weiter als ein „Platz, wo wir herumhingen, wenn es nichts anderes zu tun gab" (Williams 2004: 54).

Der Ruf von Williams' Clique breitete sich aus und er und seine Leute wurden von einer Strassenbande angefragt, mitzumachen. Williams lehnte ab mit; „ [...] my homeboys and I were like family and weren't into gangs." (Williams 2004: 55).

---

[5] Williams 2004: S.46

Auch die neue High School wollte nach einiger Zeit nichts mehr von Williams wissen. Er wurde wegen Schwänzen und Schlägereien auf dem Schulareal verwiesen. Von da an war es für Williams' Mutter fast unmöglich, eine weitere Schule für ihren Sohn zu finden. Nur eine einzige High School akzeptierte Williams noch; die Brett Hart Junior High, die sich in Westmont, einem sehr kriminellen Gebiet von Los Angeles, befand, wo er mit Mutter und Schwester dann auch hinzog.

Williams schaffte es, die Junior High School mit genügenden Noten abzuschliessen. Im Sommer landete er jedoch zum ersten Mal im Jugendgefängnis. Die Polizei wurde auf ihn aufmerksam, als ihm der Magen im Spital wegen übermässigem Konsum von Betäubungsmitteln ausgepumpt werden musste. „Long before high school, I was a user of street drugs. I had graduated from sniffing glue to smoking marijuana to dropping "red devils" – a barbiturate which is a depressant (downer)" (Williams 2004: 60).

Williams beschreibt seinen Gefängnisaufenthalt als "point of no return" (Williams 2004: 57). Aus seiner Sicht trug die Jugendanstalt nur dazu bei, die Insassen auf weitere Gefängnisaufenthalte vorzubereiten: [...] Juvey [Juvenile Hall] was a warehouse for incorrigible youth where they would vegetate and sink into ignorance and confusion. It also served as conditioning and preparation for a youth's inevitable step toward prison – as though it was a boot camp, training recruits for the next level of armed services" (Williams 2004: 61).

Nach einigen Wochen wurde Williams wieder freigelassen, und er fiel sofort wieder in die alten Aktivitäten zurück. Er besuchte nun die Washington High School, welche bekannt war als Zuhause für mehrere Gangs – auch heute noch ist das so. 2007 wurde in dieser Schule z.B. ein Schüler erstochen und 2008 wurden eine 12-Jährige und ein 18-jähriger Schüler angeschossen[6].

Williams Truppe ernannte die High School zu ihrem Territorium, und benutzte sie als Platz, um ihren diversen, teils kriminellen Aktivitäten nachzugehen: „The staff knew exactly who we were and what we were doing at and around school, but they were too scared to stop us – or didn't care" (Williams 2004: 63).

---

[6] http://abclocal.go.com/kabc/story?section=news/local&id=6402868

1970 landete Williams wieder in der Jugendanstalt, dieses Mal wegen Diebstahls und Fahrens unter Drogeneinfluss. „I had made the mistake of being intoxicated and running out of gas in a stolen car, in a predominantly white area of Carson" (Williams 2004: 64). Kurz darauf wurde er nach Salt Lake City in die "Job Corps" verlegt, ein Programm für 16- bis 24-Jährige, mit dem Ziel deren Lebensqualität durch berufliche und akademische Kurse zu verbessern[7]. Von dort wurde Williams jedoch schnell wieder nach Hause geschickt, da er fast einen Aufstand zwischen den lateinamerikanischen und afroamerikanischen Programmteilnehmern auslöste.

Zurück in L.A. dauerte es nicht lange, bis Williams wieder mit einem gestohlenen Auto geschnappt wurde. Er landete im Los Padrinos Jugendgefängnis, wo er begann Gewichte zu heben. „I became addicted to the feeling of being bigger and stronger" (Williams 2004: 68).

4.4 Entstehung einer Gang

"Prior to my release date [von Los Padrinos Juvenile Hall] I was summoned for the customary re-evaluation. I sat [...] before the staffs tribunal and faced a long list of questions. The last question was fair enough: "Stan, what are your plans once you are released back into society?" With an indifferent expression I replied, "I plan on being the leader of the biggest gang in the world."

Stanley Tookie Williams

Nach den Watts Riots von1965, grossen Ausschreitungen im Stadtteil Watts von Los Angeles, bei denen die Amerikanische Nationalgarde eingesetzt wurde, um die Aufstände niederzuschlagen und bestimmte Gebiete zum Abschuss freigegeben[8] wurden, herrschte eine Zeit lang eine Aufbruchsstimmung in South Central L.A. Die Gang-Aktivitäten waren auf einem Tiefpunkt. Vielmehr traten die Jugendlichen den Black Panthers bei oder halfen beim Wiederaufbau der Stadt. Mit der stärker

---

[7] www.jobcorps.gov

[8] Verschiedene Strassen durften nicht befahren werden. Bog man falsch ab, musste man damit rechnen, beschossen zu werden.

werdenden Black Power Bewegung wurde auch das Klima in South Central L.A. besser. Doch die Black Panther Bewegung wurde vom damaligen FBI Direktor, J. Edgar Hoover, als „die gefährlichste Bedrohung der inneren Sicherheit des Landes"[9] angesehen. Die meisten Aktivisten der Black Pride Bewegung wurden entweder verhaftet, getötet (Malcolm X. 1965, Martin Luther King 1968) oder ins Exil geschickt[10]. Williams beschreibt die Situation, die damals in den USA herrschte, wie folgt: „The Black Panther's field Marshal, George Jackson, was shot and killed during an alleged escape attempt at San Quentin state prison. The political activist Angela Davis was still in Marin County Jail, and a rebellion was in full swing at Attica state prison in upper New York state. Not to mention the usual problems: poor education, few jobs, lack of youth programmes, broken families – all feeding the growing civil rights movement" (Williams 2004: 72). Nach dem Tod von Martin Luther King 1968 drehte die Aufbruchsstimmung in das hoffnungsloseste Klima, das je in South Central L.A. herrschte. Viele neue Gangs tauchten auf, die gewalttätiger als diejenigen der Generation vor ihnen waren. Und Williams fand sich nach seiner Entlassung aus Los Padrinos genau in diesem gewalttätigen Klima wieder. Williams traf wieder auf seine alte Clique, wo er sofort die Führungsposition übernahm. Offiziell war Williams' Truppe jedoch noch keine Gang, doch das änderte sich schnell: „We were not a gang in the traditional sense, but as our rivals raised the bar with their increasing aggression and strong-arming, we morphed into a gang without a title" (Williams 2004: 73).

Williams begann, sich in den Strassen von South Central einen schlechten Ruf aufzubauen. "Gang battles raged, and we picked up the pace in drive-by beatings. Often we'd bail out of a stolen car to beat down unsuspecting rivals and I'd let them know it was me, Tookie, who was doing it to them" (Williams 2004: 73).

---

[9] Film: Crips and Bloods: Made in America, 2008

[10] Film: Crips and Bloods: Made in America, 2008

4.5 Crips

*"Remember the panthers man? - Yeah! They was strong man. - Yeah! Yeah! They
was tight man, they protected the community. – Yeah. Look around you man! Whos
gunna protect ours but you and I? We love our people man, we love this community,
somebody got to protect it! Look around you man, were the only ones man, were the
only ones who care. - Yeah. We should start our own thing man! Yeah Yeah! Baby
Cribs! Yeah! You down man, Baby Cribs! – Yeah, sounds good homie!*

Raymond Lee Washington & friends

1969 gründete Raymond Lee Washington mit neun Freunden die East Side Baby
Cribs nach dem Vorbild der Black Panthers. Primäres Ziel der Gang war es, das
Viertel vor anderen Gangs und Drogendealern zu schützen. Washington hörte von
dem jungen Unruhestifter Tookie, der anderen Gangs durch seine Prügelattacken
Kopfweh bereitete. Eines Tages ging er zur Washington High School auf der Suche
nach Tookie. Weil sie beide zu wenig Mitglieder in ihren Gangs hatten, Williams auf
der West Side und Washington auf der East Side, beschlossen sie, sich
zusammenzuschliessen. Sie trafen sich an einem Freitag Abend, beide begleitet von
so vielen Mitgliedern wie möglich, um die Vereinigung zu beschliessen. „It would
have been a police photographer's Kodak moment to have captured all of us on film
that day. Standing and sitting around on the bleachers was the largest body of black
pariahs ever assembled" (Williams 2004: 81). Mit einem Händedruck besiegelten
Williams und Washington den Zusammenschluss ihrer beiden Truppen. Keiner der
beiden realisierte damals, dass sie soeben die grösste afroamerikanische Gang ins
Leben gerufen hatten, die sich später unter dem Namen Crips über die ganzen
Vereinigten Staaten und noch weiter ausbreiten würde.

Wie der Name Cribs zu Crips wurde, bleibt bis heute ein Mysterium. Williams
begründet den Wechsel damit, dass die meisten Mitglieder unter Drogeneinfluss den
Namen falsch aussprachen und diese Version sich dann durchsetzte. Andere sagen,
der Name kam von den Zeitungen, die von den Crips berichteten, als Kurzform für

Cripple (Krüppel), da viele Mitglieder damals Gehstöcke benutzten, die zur Ausrüstung und zum Stil der Homeboys gehörten[11].

Das Ziel der ersten Generation der Crips war es, die anderen Strassenbanden zu bekämpfen, unter denen sie immer gelitten hatten. Auf dieselbe Art, wie die Strassenbanden vorher Einzelgänger gequält hatten, wurden sie nun von den Crips terrorisiert, die schnell in der Überzahl waren. Zudem fanden die Crips extrem schnell Zuwachs. Dies unter anderem auch, weil Williams durch seine häufigen Umzüge und Schulwechsel ein grosses Netz von Anhängern hatte: „As I had moved from school to school, juvenile facility to juvey, and hood to hood, I had established ties in each area with certain key youth who held influence over their circle of homeboys. Their homeboys became mine, and I became theirs" (Williams 2004: 73). So entstanden nun neben den East Side Crips, unter der Führung von Washington, und den West Side Crips, unter der Führung von Williams, schnell weitere sogenannte Sets, Abspaltungen der Crips in Gangs, die jeweils ihr eigenes Territorium beanspruchten. Neben den 43rd Street Crips gab es nun die Budlong Street Crips und die Compton Crips, welche zum ersten Mal auch Feuerwaffen im Kampf gegen die Strassenbanden einsetzten. Es entstand eine Art Wettbewerb zwischen den Sets von Washington und Williams, welche der beiden Gruppen mehr Lederjacken, Autos und Geld von den Strassenbanden klauen konnten. „It was Raymond whom I first heard jokingly say, „The west side is cool but the east side rules." My response was to reverse the phrase: "The east side is cool but the west side rules." Our light banter was taken out of context by some of our homeboys who, years later, would take the braggadocio to heart" (Williams 2004: 84). Williams spricht damit die blutigen Kriege, die zwischen verschiedenen Crip Sets nach Washingtons Tod und Williams Verhaftung ausbrachen.

Williams Leben gehörte nun völlig den Crips. Er war Tookie, der Mitgründer der Crips. Wenn er nicht gerade am „mobben" war, das darin bestand, mit einer grossen Gruppe von Homeboys einen Schnappsladen auszurauben oder einen Bus zu besetzen, um die Fahrt nicht bezahlen zu müssen, war er im Krieg mit anderen

---

[11] Film: Gangsta King: Raymond Lee Washington, 2005

Strassenbanden. „The more we fought, the more we had to fight – a constant escalation" (Williams 2004: 86).

Dem 17-jährigen Tookie ging sein Ruf voraus, und er wurde von der Washington High School verwiesen, die inzwischen zur Hauptstadt der West Side Crips geworden war. Seine Mutter registrierte ihn darauf in der Fremont High School, der Schule, die auch von Raymond Washington besucht wurde und der Treffpunkt der East Side Crips war. Bereits nach dem ersten Schultag wurde Tookie von dieser Schule verwiesen, als der Schulleiter ihn als hohes Mitglied der Crips, die in dieser Schule schon allzu viele Probleme verursachten, erkannte. Nachdem Tookie nach ein paar Monaten auch von der California High School verwiesen wurde, da er versuchte, einen Mitschüler mit einer Kette zu erdrosseln, der ihn vorher mit einem Messer bedroht hatte, wollte ihn keine Schule mehr akzeptieren. Seine Mutter forderte ihn auf, einen Job zu suchen. Wenn er jedoch am Morgen aus dem Haus ging, war er jeweils auf einer anderen Mission. Er war auf der Suche nach Lederjacken und Frauen und rekrutierte weitere Crip Mitglieder.

Die Frage, wie er sich dem Lebensstil der Gangs von andauernder Gewalt und Angst verschreiben konnte, beantwortete Williams folgendermassen: „The Crips was our vehicle for illusionary empowerment, payback, camaraderie, protection, thuggery, and a host of other benefits. [...] We were seventeen-year-olds with polluted minds who wanted to be emancipated from the struggle against conditions that seemed to seek our extinction or emasculation. Regardless of hostile, opposition or lack of social privilege, my vested interest, like everyone else, was simply to survive. The Crips became central to my self-destructive resolve" (Williams 2004: 92).

Diese "vergessene Generation", wie sie von Williams genannt wird, stellte nun eine ganze neue Kultur auf die Beine, mit eigenen Sitten, Ritualen, Hand-Symbolen und Farbidentifikation, sowie einem „code of silence[12]". Heute in der Gangwelt allerseits bekannte, und durch die Rapper weitergetragene Begriffe wie „Can't stop, won't

---

[12] Williams 2004: 92 – code of silence: Unter keinen Umständen wird vor der Polizei oder dem Gericht ausgesagt, auch nicht gegen gegnerische Gangs und wenn man dabei selbst Gefahr läuft, länger hinter Gitter zu kommen. Das Melden oder Ausplaudern wird als „snitching" bezeichnet und falls ein „Snitch" enttarnt wird, wird er meistens von der gesamten Gefängnispopulation oder der Gang gejagt.

stop", „Crips don't die, we multiply", „Do or die" oder „chitty chitty bang bang, ain't nothin' but a Crip thang" (Williams 2004: 92) fanden ihren Ursprung in dieser Zeit.

4.6 Verflogene Lichtblicke

Nachdem Tookie nach einer Flucht vor einer Polizeikontrolle gefasst und wegen angeblichem Polizistenmord, welcher nicht von ihm begangen wurde, für 72 Stunden in einer Polizeizelle sass und dann wieder freigelassen worden war, schickte ihn seine Mutter nach Oakland zu seinem biologischen Vater, der dort mit seiner neuen Familie lebte. Sie hoffte, Tookie würde dort sein Leben ändern und wieder zurück auf die richtige Bahn finden. Doch noch am Nachmittag seiner Ankunft verliess er seinen Vater, zu dem er keinen Bezug hatte, und nahm den Bus zurück nach South Central L.A., wo er bei einem Freund einzog.

Nachdem Tookie mit anderen Crips einige Kleiderläden „gemobbt hatten", fand er sich erneut in dem Jugendgefängnis und danach in Los Padrinos wieder. Nach Prügeleien mit mexikanischen Insassen wurde er vom Richter nach Chino ins Boys Republic, ein Programm zur Wiedereingliederung von schwierigen Jugendlichen, verlegt. Dort verbrachte er nach einer weiteren Prügelei die meiste Zeit im „lock-up unit", in Isolationshaft. Die Weihnachtszeit durfte er in New Orleans bei Momma und weiteren Verwandten verbringen. Zurück in L.A. wurde er sofort wieder ins Boys Republic gebracht. Es kam soweit, dass Tookie auch vom Boys Republic verwiesen wurde, nachdem er eine weitere Schlägerei angezettelt hatte. Seine Mutter wurde angewiesen, beim Gericht anzurufen, um zu sehen, was die nächsten Schritte sein sollten, doch der entlassene Tookie hatte etwas dagegen: „Don't waste your time calling those people. I'm not going back to Juvey. They'll have to catch me first!" (Williams 2004: 110).

Ein Freund von Tookie rief ihn eines Tages an und fragte ihn, ob er nicht auch nach Factor Brookins, in Banning, Kalifornien, kommen wollte. Factor Brookins war ein Pastoral, ein friedliches kleines Dorf, bestehend aus einer Bank, einem Theater, einem Park und einer Polizeistation. Als Tookie in den Bus nach Factor Brookins stieg, wurde er von einer Horde Crips begrüsst, die dasselbe vorhatten wie er. Die Jugendlichen waren dort in kleinen Apartments untergebracht und von Bob Simmons, dem Leiter des [wahrscheinlich kirchlich motivierten, „Redemption" 2004:

111-113] Programms, versorgt. Tookie selbst sorgte in Bannings für keine Probleme, er beschreibt seine Zeit dort als befreiend: „It was therapeutic to inhale the crisp cool air and stroll down the street without a care. Nowhere in Los Angeles was I able to feel as close to being liberated as I did that moment" (Williams 2004: 111). Für Aufruhr sorgte für einmal nicht Tookie, sondern sein Freund Buddah, der ihn nach Factor Brookins eingeladen hatte. Nachdem einheimische Jugendliche einige Crips, die sich in Banning aufhielten, zum Kampf aufgefordert haben, da die einheimischen jungen Frauen diesen schöne Augen machten, und später dann auch noch auf die Crips schossen, zahlte ihnen Buddah das Ganze zurück und schoss auf die Jugendlichen. Dabei wurde einer getroffen und Buddah wurde von der Polizei abgeführt.

Nachdem Bonnie, Tookies damalige Freundin, auch nach Banning kam, steigerte sich seine Stimmung noch. Sie wurde von ihm schwanger, doch es kam zu einer Fehlgeburt. Bob schlug Tookie vor, sich als Junior-Berater an der Banning High School zu bewerben und so etwas Geld zu verdienen, was dieser dann auch tat. Es kam soweit, dass alle Crips, die am Programm teilnahmen, sich für das Football-Team einschrieben und somit wieder die High School besuchten: „Here we were, Crips, playing team football, attending classes and actually doing schoolwork. [...] For the first time in my chaotic life there appeared a chance to uplift myself" (Williams 2004: 113). Eines Tages wurde jedoch entdeckt, dass sämtliche neuen Schüler der Banning High School vorbestraft waren, und die Schule sah sich gezwungen, die Crip-Footballspieler von der Schule zu verweisen. Für Tookie war das gar keine Überraschung mehr, da er noch nie einen richtigen Erfolg in seinem Leben feiern konnte: „I viewed everything through a negative lens, expecting only the worst" (Williams 2004: 113).

Bob Simmons war einer der ersten, dem die extreme Ausbreitung der Crips auffiel. Er versuchte die Allgemeinheit über das immer seriöser werdende Gang-Problem aufzuklären, und veröffentlichte einen Artikel in seiner lokalen Zeitschrift mit dem Titel „The Baddest", mit Tookie und einigen seiner Homeboys auf der Titelseite. Er startete auch die ersten Gang-Präventions-Workshops. Doch seine Warnungen wurden nicht erhört und auch Factor Brookins wurde geschlossen, womit Tookie und die Crips, die am Programm teilnahmen, wieder zurück in den „Betondschungel" von South Central katapultiert wurden.

Dort heiratete Tookie seine damals 17-Jährige Freundin Bonnie. Die Heirat wurde jedoch von Tookie nur als „zweckmässig" und „unsentimental" (Williams 2004: 115) beschrieben. Denn Bonnie bekam jeweils Probleme mit der Polizei wegen „Schulverweigerung", wenn sie durch den Tag mit Tookie unterwegs war. Mit der Heirat änderte das.

4.7 Die Crips bekommen ein Gesicht

"I was guilty by reason of color, convicted and sentenced at birth"

Stanley Tookie Williams

Wegen versuchten Raubes wurde Williams ins Los Angeles County Jail gesteckt, wo er mit einem Kautionsbetrag von über 100'000 Dollar feststeckte. Dort sass er für mehrere Monate, bis der Betrag auf eine, für Williams, bezahlbare Höhe gesunken war. Er musste dafür seinen damaligen Wagen verkaufen.

Während seiner Abwesenheit änderte sich in den Strassen von L.A. vieles. Es spalteten sich immer neue Sets von den West Side Crips ab. Dabei entstanden einige der heute berüchtigtsten und grössten Crip Sets. Darunter sind zum Beispiel die Harlem Crips und die Rolling Sixties. Auch die East Side Crips begannen sich zu spalten, während Raymond Washington im Gefängnis sass.

Zu dieser Zeit kam es auch zu den ersten Morden, begangen von Mitgliedern der Crips. Einige Homeboys von Tookie töteten einen Jugendlichen für seine Lederjacke. Tookie wäre auch dabei gewesen, hätte er sich nicht in einem Camp von Bob Simmons in einem Indianerreservat befunden, wo er etwas Geld verdiente. „The Palladium incident [dort wo der Mord geschah], where a black life was lost and other black lives ruined, had absolutely no effect on Buddah or me, for crippin' night and day was the only way" (Williams 2004: 127). Doch die Teilnahmslosigkeit von Tookie änderte sich schlagartig, als sein damals bester Freund Buddah während eines Streits von einem Kollegen erschossen wurde: „Our madness finally had become a recognizable face, and it was the death of my closest homeboy" (Williams 2004: 129).

Der bankrotte Tookie arbeitete nun vermehrt für Bob Simmons und zog in ein Haus in Compton, das Bob für problematische Jugendliche eröffnete. Er lebte dort mit einigen anderen Bandenmitgliedern. Das Haus wurde später bekannt als „Crip House". Bob suchte oft das Gespräch mit Tookie, um Ideen zu erhalten, wie er das Gang-Problem lösen könnte, doch Tookie sass schon zu weit in der Gang-Welt, um richtige Auskunft geben zu können: „[...] I was in no position to address the gang problem – I was a willing participant" (Williams 2004: 132). Bob Simmons erreichte trotzdem einen Waffenstillstand zwischen einigen Gangs aus Compton. Der Versuch, Frieden zwischen der Piru Gang und den Crips zu schaffen, scheiterte jedoch kläglich, und aus den Pirus entstand kurze Zeit später das erste Blood Set. Die Bloods stellen heute die grössten Rivalen der Crips dar.

Das „Crip House" wurde zur quasi „Crip-Botschaft" (Williams 2004: 132) und Tookie war der Botschafter. Leader von anderen Crip Sets fuhren damals den zum Teil langen Weg nach Compton, um Williams im „Crip House" zu besuchen.

Mit 19 Jahren startete Tookies' Bodybuilder-Karriere nach dem Vorbild von Homeboys, die austrainiert aus dem Gefängnis zurückkamen: „I was convinced I could become yoked while on the streets. So I started driving iron obsessively, and with phenomenal results" (Williams 2004: 133). Seine neue Kraft setzte er vor allem zum Kämpfen ein. Der Faustkampf wurde zu einem Hobby für Tookie, und er wurde in den Strassen von L.A. bekannt als „knock-out Artist" und „dreckigster Kämpfer auf dem Kontinent" (Williams 2004: 135): „[...] I wanted them to think: Tookie is crazy. I was a spectacle, sporting a shiny bald head with sideburns and a goatee, dressed in blue overalls, army boots, no shirt and with an oiled-up body too slippery for an opponent to grab" (Williams 2004: 135,136).

Bob Simmons konnte Tookie davon überzeugen, sich beim Compton Junior College anzumelden und die Tätigkeit als Betreuer von Jugendlichen aufzunehmen: „I was trying to balance an educational impossibility, an alliance between stupidity and wisdom, and trying to straddle the fence between crippin' and counselling" (Williams 2004: 145). Schon nach ein paar Monaten verliess Tookie das College aus schlichtem Desinteresse wieder, doch seine Tätigkeit als Betreuer behielt er. Er leitete ein Haus, in dem einige Jugendliche wohnten, für die er verantwortlich war. „I expected these youths, confronted by damned conditions and caught in the cycle of ganghood, to get educated, uplift other blacks, and live productive and peaceful lives. My hypocritical message was: do as I say, not as I do" (Williams 2004: 146). Diese Art von Betreuung fand natürlich keinen Erfolg, und die Jugendlichen bewunderten den Tookie, der er wirklich war, den wild und frei lebenden Gangster. Durch seine Arbeit, wo er oft Treffen mit den Eltern der Jugendlichen hatte, änderte sich Tookie's Aussehen. Er war nun in Schale unterwegs, und das einzig Gangsterhafte an ihm waren seine „Crip-Gedanken" und sein „Verhalten". „Being a counsellor was self-serving. It provided me with a steady pay-check so I wouldn't have to be in the streets hustling or strong-arming people" (Williams 2004: 149).

4.8 Drugs & Bullets

"There I was, King Crip, seeking comfort in drugs like a drunkard seeking salvation in a bottle"

Stanley Tookie Williams

Neben seiner Arbeit war Tookie vor allem mit Gewichtheben beschäftigt. Durch das Geld, das er durch seinen Job erhielt, konnte er nun auch in verschiedenen Fitnessstudios trainieren. Einmal traf er sogar Mr. Olympia, Arnold Schwarzenegger, der im Gold's Gym in Santa Monica trainierte und zu einem Trainingskollegen gesagt haben soll: „See that guy there?" während er auf Tookie zeigte, „Those aren't arms – they're legs!" (Williams 2004: 151).

Widersprüchlich zu seinem fast professionellen Muskeltraining erreichte Tookies' Drogenkonsum einen neuen Höhepunkt. Er konsumierte unter anderem verschiedene Arten von LSD, um dem „Wahnsinn" um ihn herum zu entfliehen. In den Wechselrollen als Jugendbetreuer und Gangsterboss lebte Tookie in einem Gegensatz: „I didn't really expect to die, but I didn't care if I lived or died. In the back of my mind was the delusion of invincibility" (Williams 2004: 152). Nach eigenen Angaben vermied er es jedoch immer, mit Drogen zu dealen.

Mit dem Tod von Tookies' Grossmutter, „Momma", fand er sich in einem weiteren Tiefpunkt seines Lebens wieder. Um sich vom Schmerz des Todes abzulenken und Trost zu finden, begann er auf nächtlichen Angriffen gegen die Bloods erstmals Feuerwaffen zu benutzen. Diese Gewaltbereitschaft gegenüber anderen

Gangmitgliedern erklärte Tookie später als ein Produkt seines Selbsthasses : „[...] self-hatred motivated me to seek a kind of accomplishment by hurting other blacks" (Williams 2004: 152). Von Vergewaltigungen, Zuhälterei und Einbruchdiebstählen, wie sie von anderen Crips begangen wurden, hielt er sich jedoch fern. Dazu beigetragen hat wohl auch seine Anstellung als Betreuer: „What really prevented me from being involved in the criminal rat race was my counsellor's wage, and not having to buy food or pay the bills out of my pocket" (Williams 2004: 156).

An einem Abend, als Tookie draussen auf der Terrasse sass, seinem Pitbull beim Spielen zuschaute und einen Ty-Stick[13] rauchte, geschah das, von ihm für unmöglich Gehaltene: Er wurde angeschossen. „A couple of times I tried to stand but my legs wobbled and I fell back down" (Williams 2004: 158). Durch die Wirkung des Cannabis und den Schock realisierte er zuerst nicht, was geschehen war, doch als er nicht aufstehen konnte und seine blutenden Beine sah, wurde ihm klar, was passiert war.

Tookie wusste nicht, von wem er angeschossen worden war, und falls er es gewusst hätte, hätte er es der Polizei nach dem „code of silence" nie gesagt. Im Spital wurde ihm von den Ärzten gesagt, dass er nie wieder werde laufen können, doch daran glaubte Tookie nie so recht. Weil ihm von anderen Crips Waffen ins Spital gebracht wurden, war er einer der ersten Spitalgäste, die herausgeworfen wurden. Er wurde in ein Haus verlegt, wo er von einigen Krankenschwestern versorgt wurde. Die Kugeln wurden in seinen Beinen gelassen. Es dauerte mehrere Monate, bis Tookie wieder gehen konnte.

Erstaunlicherweise änderte sich die Sicht auf seinen Lebensstil nicht: „The trauma of being shot was not a defining moment for me, though it did show I could take a bullet and keep on stepping" (Williams 2004: 161). Doch er realisierte nun, dass er nicht unbesiegbar war, sondern auch verwundet werden konnte. So lebte er für einige Zeit mit einer Paranoia vor weiteren Angriffen, die er mit weiteren Drogenexzessen zu bekämpfen versuchte.

1977 versuchte Tookie, professioneller Bodybuilder zu werden, bei der Unternehmung der Weider Brüder, die später den Mr. Olympia Wettkampf ins Leben

---

[13] Auch Thai Stick, eine Form von Marjihuana

riefen. Doch er wurde abgelehnt, nachdem sich Gerüchte erhärtetet hatten, dass er der Anführer der grössten Gang von Los Angeles sei.

4.9 Negativspirale

„Crippin' night and day could now be the only way"

Stanley Tookie Williams

Nicht nur Tookies Bodybuilder- Karriere wurde durch seinen Ruf als Crip-Anführer gestoppt, als nächstes war sein Job als Betreuer dran. Nach Polizeiaussagen soll er einen 14-jährigen Burschen auf Raubüberfälle geschickt, und dabei die Hälfte der Beute kassiert haben, was bei Bob Simmons und seinen anderen Arbeitgebern natürlich nicht gut ankam und zu seiner Kündigung führte. Nach Tookies Aussagen stammte der Junge jedoch von einem Blood-Set, und die Polizei soll ihn gezwungen haben, diese Lüge zu erfinden. Tookie war nun wieder auf der Strasse, und Crippin'[14] wurde zu seinem Vollzeitjob. „My own need for attention had increased, as it helped to blot out the unhealed scar of being shot down like a mangy animal in the street. [...] Flamboyance, rage, self-hate, drugs and Crip aggression had become my pillars of support" (Williams 2004: 171).

Er übernahm das Haus von seinem Stiefvater, der nach San Pedro zog. Er war nun wieder im Gebiet der West Side Crips, die er gegründet hatte, und sein Haus wurde zur neuen Crip-Botschaft. Hier hob er Gewichte, dröhnte sich mit Drogen zu und lehrte andere junge Crip-Krieger über „Cripism", die Wissenschaft der Crips. Hier wurde auch die zweite Generation der Crips geboren. Kody Scott war einer der aufstrebenden Krieger von damals: „I remember going up to Tookie's house – he was the West Side Regional Commander of the Crips – to watch him lift weights and to hear the original crip war stories. I couldn't have been any older than twelve when I'd [...] scurry up to Tookie's to hold audience with the general" (Scott 1993: 246).

Für die jungen Bandenmitglieder war Tookie ein Vorbild, strotzend von schon fast übermenschlicher Stärke. Er soll auch ein guter Geschichtenerzähler gewesen sein, was ihm zusätzlich Nachdruck verlieh. Die zweite Generation der Crips wurde eine

---

[14] Beschäftigungen, denen Crips nachgehen. „Crip sein"

der gewalttätigsten Gang-Generationen. Aufgewachsen mit Tookies Gang-Geschichten, wurde die sinnlose Gewalt gegen gleichgesinnte Jugendliche, die sich nur durch die Farbe, die sie trugen unterschieden, weder hinterfragt noch verabscheut. Wer in der Gang aufwuchs, kannte nichts anderes als das Gang-Leben. In der zweiten Generation der Crips kam es dann auch zum ersten Mal zu Kriegen zwischen verschiedenen Crip-Sets. „Monster" Kody Scott, der an der Strasse aufwuchs, an der Tookie wohnte, fand sich später im blutrünstigsten Crip gegen Crip Krieg wieder, den es überhaupt gab in der Geschichte, der Konflikt der Rolling 60's und den Eight Tray Gangster Crips.

Mit dem Aufkommen der Strassendroge PCP, auch Sherm genannt, erreichte Tookies Drogensucht den Höhepunkt. Er begann fast täglich PCP zu rauchen und wurde abhängig von der Droge, die beim Benutzer unter anderem Wahrnehmungsstörungen, Benommenheit, Halluzinationen und Aggressivität auslösen kann[15]. Während des Konsums der Droge war Tookie ein völlig anderer Mensch, abgekapselt von der Umwelt und den alltäglichen Sorgen: „The longer I remained in such a state the further I was alienated from society. I failed to notice the increase of my aggression and outlandish behaviour. It was personal hell" (Williams 2004: 174, 175).

Um an die Droge zu kommen, raubte er auch Drogendealer aus. Während dem Drogenrausch schlug er manchmal zufällig ausgewählte Homeboys zusammen und wurde so zu einem unberechenbaren Zeitgenossen, der jederzeit explodieren konnte.

---

[15] Wikipedia: http://de.wikipedia.org/wiki/Phencyclidin

4.10 Letzte Tage in der freien Welt

Sherm sticks get me to floating I'm a balance the motion
I keep toking, keep loccing, keep smoking, and choking
Keep tooting, keep aiming, paranoid rebooting
Keep setting, getting prepared for busting and shooting
I feel great, super cuz, I can fly, I'm high
I'm the biggest thing a motherfucker could see in his life
I got low eyes, high, sensitive level with no ties
Except to my homeboys, my family, and my life

Tha Dogg Pound, 2001

1977 erhielten Tookie und 20 weitere Crips eine Anstellung bei einer Bierabfüllfabrik in Compton. Sie sollten die streikenden Arbeiter fern halten, die die Lieferfahrzeuge demolierten und reguläre Arbeiter bedrohten. Die Schrotflinte geschultert, hielt er die streikenden Arbeiter auf sicherer Entfernung von der Fabrik, was ihm viel Zeit liess, seinen Job in vollen Zügen zu geniessen: „My job literally consisted of getting loaded, lounging, partying, working out, and using the trucks as motel rooms" (Williams 2004: 178). Obwohl die Legalität dieses Jobs, protestierende Arbeiter zu bedrohen und verjagen, durchaus in Frage zu stellen ist, ist zu bemerken, dass Tookie alle seine Waffen nach kalifornischem Waffengesetz legal erwarb.

Diesen Job übte er allerdings nicht allzu lange aus, und er zog nach einigen Wochen wieder in sein Haus im Gebiet der West Side Crips: „I lived in three worlds. There was the real world that I didn't fathom, the violent gang world, and the illusory world of intoxication where past vulnerabilities were suppressed, where I was the man of steel living in a fool's paradise" (Williams 2004: 180). Die Drogen begannen sein Leben zu bestimmen: "I was on the brink of insanity" (Williams 2004: 180).

Ihm wurde wieder ein Job als Jugendbetreuer eines Jungenheims angeboten, den er sofort annahm, mit dem Glauben, den Job und seine Drogensucht unter einen Hut zu bringen. Die Entlassung liess jedoch nicht lange auf sich warten: Eines Abends, nachdem er PCP geraucht hatte, rastete er aus und schlug den Tisch des Heimes in zwei Stücke, womit er die Bewohner nach draussen vertrieb, wo er dann versuchte, sie einzeln wieder herein zu zerren. Die Polizei verhaftete ihn dabei, und er erwachte in einem Auffangcenter für Drogensüchtige in einer Zwangsjacke: „It was a scene right out of *One Flew Over The Cuckoo's Nest*" (Williams 2004: 184). An die Geschehnisse, die ihn dahin brachten, erinnerte er sich nicht mehr, ein Effekt der Droge. Nachdem er vom Psychiater als zurechnungsfähig eingestuft worden war, konnte er die Klinik wieder verlassen.

Nach diesem Zwischenfall wendete sich Tookie wieder seinen alten Aktivitäten zu und an Geld kam er durch das Ausrauben von Drogendealern und anderen Kleinkriminellen. Eines Tages wurde ihm ein Geschäft mit mafiaartigen Gangstern vorgeschlagen, die vorhatten, einen Zug mit einer Waffenlieferung auszurauben, und etwas Hilfe von aussen brauchten. Tookie willigte ein und machte sich mit einigen Homeboys auf zum vereinbarten Treffpunkt in einem Hotel. Er wurde von den Gangstern befragt, wieviele Leute er schon getötet hätte, worauf er antwortete, er sei kein Killer (Williams 2004: 191). Kurze Zeit später wurde das Hotel vom FBI gestürmt. Alle Beteiligten wurden verhaftet. Die Mafiatypen waren Schauspieler und das Ganze war eine verdeckte Operation vom FBI, angezettelt von James Garrett, einem damaligen Freund von Tookie, der mit der Polizei kooperierte. Das Ziel der Mission war es, Tookie hinter Gitter zu bringen. Schlussendlich wurde Tookie wegen illegalen Waffenbesitzes angeklagt, kurz darauf aber wegen mangelnder Beweise wieder freigesprochen. Auch nach der Festnahme und dem Freispruch war Tookie nicht klar, dass Garrett mit der Polizei kooperierte. „By no stretch of the imagination could I conceive any Crip or acquaintance conspiring with the cops against me. Such Shakespearean intrigue only happened in the movies" (Williams 2004: 195).

Tookie lebte nun nomadenmässig in seinem Auto und übernachtete bei Crip-Freunden, Criplettes[16] und den Garretts, wo er seine Fitnessgeräte und Gewichte deponieren durfte.

Am 15. März 1979 wurde er wegen Verdacht auf vierfachen Mord verhaftet. Am 15. April 1981 wurde er zum Tode verurteilt.

---

[16] Weibliche Gangmitglieder der Crips

5. Gedanken zum Gerichtsverfahren

Obwohl Williams seine Unschuld immer beteuerte, wurde er nach 26 Jahren im Gefängnis durch die Giftspritze hingerichtet, nachdem im Dezember 2005 das Begnadigungsgesuch durch den kalifornischen Gouverneur Arnold Schwarzenegger abgelehnt worden war. In den folgenden Zeilen möchte ich darauf eingehen, wie das Todesurteil zustande kam, und die auch nach Williams' Hinrichtung noch immer ungeklärten Begebenheiten zum Fall besprechen.

Williams beschreibt die zwei Jahre in Untersuchungshaft, in denen die Beweissammlung, die Zeugeninterviews und die diversen Gerichtstermine stattfanden, als „verlorene Jahre" (Williams 2004: 221). Er berichtet von einer menschenunwürdigen Behandlung durch die Wächter, die er mit Gewaltausbrüchen und Spucken erwiderte. Unter anderem sollen ihm Haare, Glasscherben und Heftklammern in seine Mahlzeiten gemischt worden sein, rassistische Kommentare waren an der Tagesordnung. Durch seine Fähigkeit, die Handschellen in zwei Stücke zu zerreissen, wurde er von den Wächtern gefürchtet, und manchmal wurden ihm starke Beruhigungs- und Betäubungsmittel ins Essen gemischt, worauf er in der Gefängnisklinik aufwachte, den Körper übersät von Schlagverletzungen, die ihm während seiner Betäubung von den Wärtern zugefügt worden waren (Williams 2004: 210, 211). Doch der Begriff der „verlorenen Jahre" hat einen anderen Grund als Ursprung. Williams behauptet, während der gesamten Untersuchungshaft seien ihm absichtlich starke Medikamente verabreicht worden, die zum Ziel hatten, ihn stillzulegen und unzurechnungsfähig zu machen: „Sometimes the tranquillizer was administered intravenously by medical staff [...]. It would suspend me in oblivion for days. Even when I woke, there was no way to banish the experience from my mind because of the lingering after-effects: drowsiness, poor coordination, slurred speech and mental confusion. [...] I wasn't able to recover my drug-blown senses in between these regular drugging, it was easy to dupe me into believing that all the medication I was given was improving my health. Most frighteningly, no one was trying to revive me from my coma-like state" (Williams 2004: 213). Sein Schweigen und gelegentliches Lachen und Kichern vor Gericht begründete Williams mit den Mitteln, die ihm verabreicht wurden. Er sagte, er habe oftmals weder verstanden, was die anwesenden Leute sagten, noch selbst sprechen können und das Lachen sei die Nervosität gewesen, um das Gefühl der Verteidigungslosigkeit zu verbergen. Williams wendete sich auch an seine Anwälte zu dem Thema, doch während der zwei Jahre wurde nie etwas Konkretes unternommen oder untersucht. Natürlich fiel das seltsame Verhalten auch dem Richter auf, und er fragte Williams' Stiefvater, ob diese Stimmungslagen öfters vorkämen, worauf dieser Williams' früheren PCP-Konsum als Grund für die häufigen Stimmungsschwankungen angab.

Stimmten Williams Behauptungen, wäre ein Urteil während dem Medikamenteneinflusses weder in der Schweiz, noch in den USA möglich gewesen. Doch es kann natürlich auch der Fall sein, dass der PCP-Entzug eine durchaus grosse Rolle gespielt hat, denn gerade PCP ist bekannt für anhaltende Effekte, auch nach dem Konsum. Nach häufigem Gebrauch von Phencyclidin sollen schon tagelang anhaltende Verwirrung, Aggressivität, Paranoia und unkontrollierbare Halluzinationen beobachtet worden sein[17]. Doch in einem Punkt ist Williams zuzustimmen: „[...] though I would never have admitted it, the courtroom's legal language and manoeuvring were beyond my comprehension. [...] I was reduced to a marionette, nodding my head if and when an attorney suggested it, though I comprehended nothing" (Williams 2004: 215, 216). Und natürlich war auch das Geld nicht vorhanden, um sich einen guten Anwalt zu leisten, was ja bekanntlich in den USA einen riesigen Einfluss haben kann.

5.1 Ausbruchspläne

Williams Behandlung während der Untersuchungshaft ist noch lange nicht alles, worüber es Diskussionen und Unstimmigkeiten gab. Im öffentlichen Dossier „Los Angeles County District Attorney's Response To Stanley Williams' Petition For Clemency" vom 16. November 2005 sind zahlreiche Notizen zu angeblichen Ausbruchsplänen aus der Untersuchungshaft von Williams zu finden.

---

[17] Wikipedia: http://de.wikipedia.org/wiki/Phencyclidin

Im Bericht[18] heisst es, Williams plante, den Bus, der ihn und einige weitere Insassen vom Gefängnis zum Gericht fuhr, durch Unterstützung von zwei Komplizen von aussen durch Waffengewalt in seine Kontrolle zu bringen. Anschliessend sollte ein Zeuge gegen Williams eliminiert werden und nach der Flucht der Gefangenen sollte der Bus angeblich mit Dynamit in die Luft gesprengt werden. Diese ganzen Pläne soll Williams geschmiedet haben, nachdem er einen Mitinsassen gefragt haben soll, wo er wohl untergebracht würde, wenn er als geisteskrank erklärt würde, und dieser sich negativ über zwei Kliniken äusserte, die geisteskranke Gefangene aufnahmen. Als Beweise für diese Aussagen legte das Gericht diverse Notizen, angeblich in Williams Handschrift verfasst, vor. Die Notizen wurden von einem Gefängnis-Informanten gesammelt.

Diese ganzen Ausbruchspläne hören sich durchaus abenteuerlich an und erinnern schon fast kitschig genau an einen Hollywood Action-Streifen. Können diese Notizen wirklich von Williams stammen? Denn eine Umsetzung dieser Pläne scheint völlig unmöglich, bedenkt man schon nur, dass der Kauf von Dynamit auch in Kalifornien, einem Staat mit einem sehr freiheitlichen Waffengesetz, grosses Aufsehen erregen würde. In „Redemption" findet sich auch Williams Kommentar zu den ihm vorgeworfenen Ausbruchsplänen, wobei sein Argument etwas zu simpel erscheint: "The mention of dynamite and black folks in the same breath should have automatically been dismissed as highly unlikely" (Williams 2004: 222).

Entweder hadelte es sich um einen ungeschickten, jedoch trotzdem geglückten Versuch der Behörden, der Jury ein weiteres Argument gegen Williams zu präsentieren, oder Williams litt tatsächlich noch unter starker Selbstüberschätzung und Halluzinationen durch seine frühere Drogenabhängigkeit.

5.2 Kontroversen um das Urteil

Eine weitere Kontroverse im Fall Williams sind die Zeugen und die Zeugenaussagen, die gegen Williams eingesetzt wurden. Wenn Williams die Zeugen, die gegen ihn aussagten, als „career criminals" (Williams 2004: 222) bezeichnet, muss man ihm

---

[18] Los Angeles County District Attorney's Response To Stanley Williams Petition For Executive Clemency, Nov. 2005: S. 10-15

dabei zumindest teilweise zustimmen. Denn neben den Garretts mit ihrer zwielichtigen Informanten-Vergangenheit, sagten vor allem Gang-Mitglieder, unter dem Druck, selber verurteilt zu werden, gegen Williams aus.

Die offizielle Version von Williams Morden, die über zwei Nächte verteilt geschahen, lautet folgendermassen: Am 28. Februar 1979 soll Williams mit drei anderen Gang-Mitgliedern geplant haben, einen Tankstellenshop auszurauben. Williams soll seine Schrotflinte geholt haben, die er bei den Garretts deponiert hatte, und soll dem einen Komplizen eine .22 Kaliber Pistole gegeben haben. Die vier sollen in zwei Autos unterwegs gewesen sein und sie sollen bei einem 7-Eleven 24-Stunden-Geschäft, wo Albert Lewis Owens, ein Mitarbeiter des Shops, an der Arbeit war, gestoppt haben. Zwei von Williams Komplizen seien zuerst in den Shop gegangen und sollen sich daran gemacht haben, die Kasse zu leeren. Danach sollen Williams und ein weiterer Komplize herein gekommen sein. Williams soll Owens in den Hinterraum des Ladens geführt haben. Dort soll er mit der Schrotflinte zuerst in den Sicherheitsmonitor und dann zweimal exekutions-mässig in Owens Rücken geschossen haben. Die vier sollen mit ungefähr 120 Dollar entkommen sein.

Von der zweiten Tat sind weniger Details bekannt. Williams soll am 11. März 1979 ins Brookhaven Motel gegangen sein, dort die Tür ins private Büro gewaltsam geöffnet haben und drei Betreiber des Motels, Yen-I Yang, Tsai-Shai Yang und Yee-Chen Lin mit derselben Schrotflinte, die er in dem 7-Eleven benutzt haben soll, erschossen haben. Dabei soll er mit einer Beute von circa 100 Dollar entkommen sein.

Zusammen mit einem Komplizen, „Capone", der im ersten Überfall dabei war, wurde er bei einer Strassenkontrolle am 15. März 1979 verhaftet. Williams über Capone, der mit ihm verhaftet wurde: „I did not see him again for several months, until the day he took the witness stand to testify under oath – falsely – that I had killed three people. I was ultimately charged with four murders. Falsely" (Williams 2004: 206).

Klare Worte also von Williams, betreffend den Taten. Wie ernst kann diese Behauptung genommen werden, die er fast 23 Jahre nach seiner Verhaftung in seinem autobiografischen Werk veröffentlichte? Die Beweise zumindest scheinen eine andere Geschichte zu erzählen: Die gefundenen Schrotflinten-Patronen im Brookhaven Motel wurden eindeutig aus Williams' Schrotflinte gefeuert, die er rechtmässig mit Waffenschein und Registration erworben hat. Im Fall 7-Eleven konnten die Patronen jedoch nicht definitiv als zu Williams' Waffe gehörend identifiziert werden. Allerdings wurden auch keine Beweise gefunden, die gegen Williams Waffe gesprochen hätten.

Die Waffe allein beweist nicht den Täter, und bekanntlich war Williams nicht sehr zimperlich im Auslehnen von Feuerwaffen. Zudem folgte er sein Leben lang dem „code of silence", er hätte also, auch wenn er gewusst hätte, wer die Taten mit seiner Waffe begangen hätte, nie ein Wort gegenüber irgend einer Behörde darüber verloren, selbst wenn er dadurch selbst als Täter verdächtigt worden wäre. Während seiner ganzen Zeit in San Quentin kooperierte er nie mit der Polizei, auch wenn durch seine Hilfe wahrscheinlich hunderte von Gang-Verbrechen aufgelöst hätten werden können. Man kann dieses Verhalten als Qualität oder Starrsinnigkeit ansehen.

Aus der Sicht des „code of silence" hielten Williams Komplizen deutlich weniger lange durch als er. Bereits wenige Tage nach der Verhaftung von Capone brach dieser das Schweigen und soll unter heftigen Prügeleien den Behauptungen der Polizisten, Williams sei der Mörder in beiden Fällen, zugestimmt haben, obwohl er ja bei der einen Tat gar nicht dabei gewesen war. Spätere Gerichtsberichte zeigten, dass Capone in dieser Nacht von den Polizisten ohnmächtig geprügelt wurde und ihm eine Rippe gebrochen wurde[19].

Alfred „Blackie" Coward war ein angeblicher Komplize beim 7-Eleven Überfall. Ihm wurde strafrechtliche Immunität geboten und er sagte gegen Williams aus. Unter anderem gab er an, er sei von Williams zum Überfall gezwungen worden und habe gesehen, wie Williams Lewis Owens erschossen habe. Er zitierte zudem den angeblich lachenden Williams nach dem Mord: „You should have heard the way he sounded when I shot him"[20]. Doch wäre er beim Mord dabei gewesen, hätte Williams ihm ja wohl nicht davon erzählen müssen.

Und die Aussagen von James Garrett hören sich auch etwas merkwürdig an. Er berichtete vor Gericht von Gesprächen mit Williams, der ihn gefragt haben soll, ob er

---

[19] Williams 2004: 206

[20] Los Angeles County District Attorney's Response to Stanley Williams' Petition for Executive Clemency, 2005

von den Brookhaven Motel Morden gehört habe. In weiteren Gesprächen soll Williams Garrett erzählt haben, dass dabei ein grosser Typ einen Kerl [Mr. Yang] auf einer Couch, eine Frau [Mrs. Yang] bei der Kasse und eine dritte Person [Ms. Lin], die hinten im Raum stand, „weggeblasen" haben soll - ziemlich detaillierte Angaben dafür, dass man nicht dabei gewesen war. Später soll Williams dann Garrett die Morde an den „Buddahheads[21]", wie er es ausgedrückt haben soll, sogar gestanden haben.

Auch bei der Befragung von Williams angeblich drittem Komplizen Tony Simms, finden sich kleinere Widersprüche. Er spricht davon, wie Coward nach dem ersten Schuss aus dem Hinterraum gekommen sei und gesagt habe, dass Williams den Mitarbeiter erschossen habe, doch im selben Bericht steht ausdrücklich, dass Williams den ersten Schuss in den Sicherheitsmonitor abgefeuert hat.

Und Mrs. Garrett, die auch vor Gericht aussagte, erzählte von Williams, der sich über Coward lustig gemacht haben soll, weil er sich nach dem Mord übergeben musste. Wie ist das möglich, wenn er den Hinterraum nach dem ersten Schuss verliess, wo doch Albert Owens zu diesem Zeitpunkt noch gar nicht getroffen war?

Betrachtet man das Ganze bis hier, scheint nur ein Fakt ohne Zweifel klar zu sein. Die vier Mordfälle haben sicher etwas mit Williams zu tun, doch seine Rolle ist nicht gänzlich geklärt. Somit kann der Rechtsgrundsatz "beyond reasonable doubt" in Williams Fall nicht erfüllt werden. "In dubio pro reo", im Zweifel für den Angeklagten, wäre also nach europäischem Recht in Betracht gezogen worden, was einen Freispruch für Williams zur Folge gehabt hätte. Die amerikanische Jury sah das jedoch anders.

Verna Wefald, Williams spätere Anwältin, glaubte fest an Williams Unschuld: „The prosecution was so intent on convicting Stanley Williams, who at the time, admittedly, was a gang member and had a reputation, that the prosecutors looked the other way in terms of the clear signals that were being sent out by the witnesses that they had that these people were much more involved in these offenses than merely

---

[21] Rassistische Bezeichnung für asiatische Amerikaner

overhearing that Mr. Williams had committed these crimes"[22]. Bei ihrer Rede an der Beerdigung von Williams erklärte sie, dass höchstwahrscheinlich der Informant Garrett und Alfred "Blackie" Coward in beiden Fällen die Mörder waren. Garrett habe nach Williams Verurteilung mindestens zwei weitere Personen erschossen und mit Einverständnis des Staatsanwaltes nur wenig Zeit im Gefängnis verbracht. Und Alfred Coward sass zur Zeit von Williams Beerdigung in einem kanadischen Gefängnis für Raubmord[23].

Bedenkt man, dass die Polizei wohl ein grosses Interesse daran haben musste, den Mann von der Strasse zu nehmen, der das freie Gangsterleben deutlich repräsentierte und propagierte, wird einem schnell klar, dass wahrscheinlich fieberhaft nach Gründen gesucht wurde, Williams zu verurteilen und ein für alle Mal loszuwerden. Zudem hatte der Informant Garrett Zugang zu Williams Schrottflinte, die Williams ja bei ihm zuhause aufbewahrte. Dies musste ja geradezu eine Einladung gewesen sein, um Williams die Schuld anzuhängen. Zudem kann angenommen werden, dass Garrett durch die misslungene verdeckte Operation mit dem FBI und den Mafia-Typen zusätzlich motiviert wurde, wo ja Williams sofort wieder freigesprochen worden war.

Sollte also Williams tatsächlich unschuldig gewesen sein, wäre das ein weiterer fataler, aber gewollter Fehler des amerikanischen Gerichtssystems. Doch man muss auch die Kehrseite der ganzen Situation sehen. Denn wäre Williams weiterhin frei auf den Strassen von L.A. herumspaziert, hätte das die auch schon ohne ihn brutalen und sinnlosen Bandenkriege wahrscheinlich noch weiter aufgeheizt und es wäre nur eine Frage der Zeit gewesen, bis die nächsten von ihm ins Komma geprügelten Patienten in die Spitäler eingeliefert worden wären. Dies darf jedoch kein Argument für die sinnlosen Morde an den vier Opfern sein und ist nichts weiter als reine Spekulation. Diese Behauptung darf keine Rechtfertigung sein für eine falsche Verurteilung und sowieso nicht für eine ausgesprochene Todesstrafe.

---

[22] Facing Execution, Tookie Williams Hopes for Clemency, 21.Nov. 2005 -
http://www.npr.org/templates/story/story.php?storyId=5021167

[23] Film: Tribute Stanley Tookie Williams 1953-2005, 2008 3. Kapitel – Attorney Verna Wefald

6. Resozialisierung und Hinrichtung

San Quentin, you've been livin' hell to me
You've hosted me since nineteen sixty three
I've seen 'em come and go and I've seen 'em die
And long ago I stopped askin' why

San Quentin, I hate every inch of you.
You've cut me and you've scarred me thru an' thru.
And I'll walk out a wiser, weaker man;
Mister Congressman, why can't you understand?

Johnny Cash, 1969

Ganze 24 Jahre verbrachte Williams in der Todeszelle des ältesten und berühmt-berüchtigten Gefängnisses von Kalifornien, San Quentin. Dies ist der Ort, wo Williams' Wandlung und die Wiedergutmachung (Redemption) stattfand, wo er zu zeichnen, zu lesen und zu schreiben begann, der Ort, wo er von Winnie Mandela besucht wurde, der Ort, an dem er sass, als er für den Friedens- und den Literaturnobelpreis nominiert wurde, und der Ort, wo er hingerichtet wurde.

Der Weg zur Wiedergutmachung war lang und geschah nicht von einem Tag auf den anderen und ohne Hilfe von aussen wäre dieser auch nie möglich gewesen. Ich hatte das Glück, die Person interviewen zu können, die Williams bei dem Wechsel seiner Lebenseinstellung begleitet und unterstützt hat, die Autorin, Journalistin und Filmproduzentin Barbara Becnel. Auf den folgenden Seiten und dem letzten Teil meiner Arbeit möchte ich Williams' Übertritt vom Strassengangster zum (selbst-) gebildeten Mann beschreiben, der sich zum Ziel machte, die teilweise von ihm ins Leben gerufene Bandenkriminalität zu bekämpfen. Ich führe aus, wie ein so radikaler Wechsel seiner Persönlichkeit zu Stande kam und ob Williams' Gewaltpräventionsarbeit tatsächlich zu einer Verminderung der Jugendkriminalität in Los Angeles, aber auch in anderen Teilen von den USA und der Welt führte. Als Konklusion möchte ich dann das von Arnold Schwarzenegger abgelehnte Begnadigungsgesuch besprechen und auf die Frage eingehen, wieso noch immer eine Mehrheit der Amerikaner die Todesstrafe befürwortet.

6.1 Ablegen der Crip-Mentalität

1981 wurde Williams als vierundfünfzigste Person in die Todeszelle von San Quentin gebracht. Dreiundfünfzig andere Verbrecher warteten dort im Stile von „Dead Man Walking[24]" auf ihre Hinrichtung. Insgesamt sechs der ersten zehn Jahre in San Quentin, das bekannt als eines der brutalsten Gefängnisse Kaliforniens ist[25], verbrachte Williams im „hole", in Isolationshaft wegen schlechten Verhaltens[26]. Auf der „Yard" fand Williams schnell Freunde, er war ja so etwas wie eine Ghetto-Berühmtheit und wurde von Crips, die auch in San Quentin inhaftiert waren, verehrt. Einige beschützten ihn sogar wie Bodyguards. Doch so schnell wie er Freunde machte, so schnell machte er sich auch Feinde, und so kam es zu zahlreichen Schlägereien mit anderen Inhaftierten. Die ersten paar Jahre im Gefängnis lebte Williams noch immer nach seiner Crip-Mentalität und liess sich auf die diversen gefängnisinternen Konflikte ein. „To Crip or not to Crip was not the question, it was the answer. To me life after crippin' could only mean one thing: I was dead." (Williams 2004: 230).

In der Isolationshaft erlebte Williams panische Platzangst-Attacken, in der „9 by 4 feet" [ca. 1.2m x 2.7m] (Williams 1998: 17) kleinen Zelle. Um sich davon abzulenken begann Williams zu zeichnen und wieder Krafttraining zu betreiben.

Ab 1985 begann Williams zu lesen. Er startete mit schwarzer Geschichte und begann dann auch Werke über Recht, Psychologie, Mathematik, Religion und Spiritualität zu lesen. Zudem begann er Swahili, eine verbreitete Sprache in Ostafrika, zu lernen. Kurze Zeit später schrieb er, auf Vorschlag eines inhaftierten Freundes, die ersten Aufsätze. „Seeking to re-educate myself was the first step toward reasoning. Without a conscience I'd remain an educated fool doomed to repeat his mistakes. I didn't know why I was driven to study" (Williams 2004: 245). Wahrscheinlich kam der Drang zu lernen einfach aus purer Langweile, denn was sonst gibt es im Gefängnis zu tun? Zudem ist Williams nicht der einzige, der im Gefängnis begann, sich mit Büchern zu beschäftigen. Kody Scott, der auch lange inhaftiert war, beschreibt in seinem Buch

---

[24] Film USA, 1995, http://www.imdb.com/title/tt0112818/

[25] http://de.wikipedia.org/wiki/San_Quentin_State_Prison

[26] Die Weltwoche, 8.Dez. 2005 – Ein Gnadenspektakel

„Monster" die vielen schwarzen Revolutionäre, die in den Gefängnissen versuchen, schwarze Inhaftierte zum Islam zu bekehren, und die Bücher über Bürgerrechtler verteilen. Kody Scott selbst konvertierte während seiner Gefängniszeit zum Islam[27]. Williams jedoch bekannte sich, nachdem er Bücher zum Christentum, Buddhismus und Islam gelesen hatte, zu keiner Religion. Er wurde später jedoch sehr spirituell und betete oft zum „Schöpfer" in Richtung Afrika.

Es kam soweit, dass Williams mit seinen Homeboys im Gefängnis eine Arbeitsgruppe gründete, wo sie Swahili lernten, den Wortschatz erweiterten und über politische Themen diskutierten. Dass auf den Strassen von L.A. mittlerweile Crips gegen Crips kämpften, bekamen Williams und die anderen Insassen auch mit: „In several lengthy discussions with Evil [ein Freund von Williams im Gefängnis], we concluded that crippin' wasn't what it used to be. There was nothing worse than Crips giving Crip a bad name." (Williams 2004: 252).

Doch Williams hatte grosse Mühe, sich von seiner Crip-Mentalität, die er ein halbes Leben lang ohne Grenzen ausgelebt hatte, zu trennen. Das Leben nach der Gang war für ihn kaum vorstellbar: „Still, the scariest thing to me was life after crippin', the idea of developing a conscience to counter my own ignorance" (Williams 2004: 256).

Doch allmählich hörten Williams Gewaltausbrüche auf, und er vertiefte sich immer mehr in seine Studien. Es war ein schleichender Wechsel seiner Lebenseinstellung, den er selbst fast nicht erkannte.

1992, nach mehr als zehn Jahren Haft, versuchten Williams und zwei Kollegen seiner Arbeitsgruppe ihre Aufsätze und Gedichte in einem Sammelwerk zu veröffentlichen. Dies gelang ihnen jedoch nicht. 1992 war auch das Jahr des „Rodney King Beatings[28]", worauf in Los Angeles heftige Aufstände ausbrachen, und die Nationalgarde eingesetzt wurde, um die Unruhen zu stoppen. Zudem erhielt Williams andauernd Nachrichten über Homeboys, die in den Gang-Kämpfen in Los Angeles ihr Leben verloren. Die Zahl der toten Homeboys, die Williams persönlich kannte, war

---

[27] Scott 1993: 355-377

[28] Rodney King wurde Opfer unverhältnismässiger Polizeigewalt bei einer Verkehrskontrolle, die gefilmt wurde. Der Freispruch der Polizisten bei dem folgenden Gerichtsverfahren löste die Los Angeles Unruhen von 1992 aus. (http://law2.umkc.edu/faculty/projects/ftrials/lapd/kingchronology.html)

mittlerweile in die Hunderte gestiegen. Und zum ersten Mal bewegten ihn die Bilder, die er im Fernsehen über Drive-By-Schiessereien[29] und Gang-Gewalt sah. „For the first time I was concerned not just for myself or those murdered children, but also for the welfare of other people's children, my children, grandchildren, nieces, and nephews" (Williams 2004: 279).

Im Dezember 1992 traf Williams dann die Person, die sein Leben für immer veränderte. Barbara Becnel arbeitete an Recherchen über die Geschichte von schwarzen Gangs in Kalifornien, mit dem Ziel, ein Buch zu verfassen. Sie fragte Williams für ein Interview an, zu dem er einwilligte. Es kam dann auch zu einem zweiten Treffen, wo Williams sein Interesse aussprach, ein Kinderbuch zu schreiben, das Kinder von Drogen, Gangs und dem Gefängnis fernhalten sollte. Becnel fand die Idee spannend, da sie selbst in der Gewaltprävention arbeitete [dazumals am HAW (Hands Across Watts) Projekt, das zum Ziel hatte, Frieden zwischen sich bekriegenden Blood und Crips Sets zu stiften[30]], und es kam zu weiteren Treffen und Briefwechseln, worauf die Arbeit am ersten Manuskript folgte.

Becnel schlug Williams vor, sich per Videobotschaft an einige Gang-Mitglieder zu wenden, die durch die HAW Organisation in einem Hotel versammelt würden. Tony Bogard, ein Crip-Bandenchef und Ty-Stick, ein Blood-Bandenchef, die zusammen HAW gründeten, schafften es, über 400 Bandenmitglieder für den Event zusammen zu bringen. Nachdem Williams Friedensbotschaft abgespielt wurde, gab es Beifall der Gang-Mitglieder, und einige Crips und Bloods schüttelten sich sogar die Hände[31]. Ab diesem Punkt konnte Becnel sicher sein, dass sich Williams komplett von seiner Gang-Vergangenheit emanzipiert hatte. Auch Williams beschreibt diese Rede als Abschied von den Crips: „That speech was truly my forever farewell to Crips. I had chosen another path" (Williams 2004: 277).

---

[29] Schüsse aus fahrendem Auto auf Mitglieder gegnerischer Gangs

[30] Williams 2004: 273

[31] Film: Tribute: Stanley Tookie Williams 1953-2005, Stanley's Historic Message To Gang Members

6.2 Gang- und Gewaltpräventionsarbeit

Yo where I'm from it ain't cookies and cream

There's a lot of peer pressure growin up as a young teen

You never know when you gonna get wet

Cause mad clowns be catchin wreck with a tec just to get a rep

Instead of cool friends, they'd rather hang with male thugs

Instead of goin to school, they'd rather sell drugs

It's best to go the right route and not the wrong one

Because it's gonna catch up witchu in the long run

Brothers be on the corners, actin stupid, gettin lifted

They life is twisted, and most of them are quite gifted

In other words, they got talent; but they'd rather sell crack

and bust gats and run the streets actin violent

To them it's all about hittin skins and makin some easy green

Cause that's all they show you on the TV screen

All they care about is a buck or bustin a sweet nut

They don't give a (WHAT?) cause they street struck

You betta listen when L rhyme; cause bein street struck'll

get you nuttin but a bullet or jail time

So pay attention when L rhyme; cause bein street struck'll

get you nuttin but a bullet or jail time

Big L, 1995

1996 wurde Williams' Buch über die Rosen Publishing Group in einer Serie von acht kurzen Bänden veröffentlicht. Die Serie mit dem Namen „Tookie Speaks Out Against Gang Violence" beinhaltet folgende Bände, die jeweils aus einem Kapitel von Williams' ursprünglich geplanten Kinderbuches stammen: „Gangs and Weapons", „Gangs and Drugs", „Gangs and Self-Esteem", „Gangs and the Abuse of Power", „Gangs and Violence", „Gangs and Wanting to Belong", „Gangs and Your Friends" und „Gangs and Your Neighborhood". Darin beschreibt Williams in einfachen Sätzen seine Gang-Vergangenheit und die Konsequenzen, die er daraus gezogen hat.

Barbara Becnel, die Co-Autorin der Bücher, über Williams: „He started with books, with his idea being, that he wanted at first to try to get to the kids when they were really young, to prevent them from getting involved with gangs in the first place[32]". Die Bücher sind für Schulen [3. bis 5. Klasse] und Bibliotheken gedacht und werden auch heute noch benutzt. Bis heute hat Becnel etwas über zweihunderttausend Exemplare verkauft. Kritiker warfen Williams bei der Veröffentlichung vor, die Bücher dienten nur dem Zweck, ihn vor Gericht besser darzustellen, doch dieses hat Williams' Präventionsarbeit tatsächlich nie Beachtung geschenkt.

Die Bücher lesen sich gut und überbringen eine klare Nachricht. Auch bei den Lehrern in den armen Schulbezirken, wo die Bücher eingesetzt werden, kommen sie gut an. Nach Veröffentlichung der Buchserie sollen die Schüler in einigen Schulen in South L.A. die Lehrer gebeten haben, die Bücher mit nach Hause nehmen zu dürfen. Becnel soll darauf Telefone von Eltern bekommen haben, die die Bücher unbedingt bestellen wollten. Zudem sollen die Bücher in einigen Regionen auch in der Elementary- und High Schools [6.-12. Klasse] eingesetzt worden sein, da die Schüler so schlecht lesen konnten, dass diese Bücher dem Klassenniveau entsprachen[33].

Welchen Einfluss die Bücher auf die Entwicklung der Gangmitglieder-Anzahl und den Straftaten mit Gang-Hintergrund hatten, ist nicht mit Sicherheit zu sagen. Doch auf Nevis, einer karibischen Insel, sollen die Bücher laut Becnel tatsächlich einen nachweisbaren Einfluss auf die Ganggewalt gehabt haben. Nachdem auf der Insel Nachahmer-Gangs der Crips und Bloods entstanden, wurden die Bücher in sämtlichen Schulen auf der Insel mit Erfolg eingesetzt: „He [der Mann, der die Bücher auf der Insel eingeführt hat, Name unbekannt] has reported that that [die Einführung der Bücher in den Schulen] has in fact lowered the gang violence"[34].

Als nächstes wurde 1997 die Internetseite www.tookie.com und das „Internet Project for Street Peace" ins Leben gerufen. Auf dieser Seite können Jugendliche über E-Mail und Chatrooms diskutieren, wie sie der Gewalt auf ihren Strassen

---

[32] Interview Barbara Becnel, 01.10.11, 1:00

[33] Interview Barbara Becnel, 01.10.11, 36:00-37:00

[34] Interview Barbara Becnel, 01.10.11, 40:00

entgegentreten können.[35] „I wanted children on both continents [zuerst war das Projekt nur für südafrikanische und amerikanische Kinder gedacht] to evolve into culturally conscious adults, bridging the gap that we adults have failed to close" (Williams 2004: 293). Auch hier stellte sich der Erfolg schnell ein und tausende von Jugendlichen aus aller Welt schrieben Williams. „Erst durch die Mails aus Deutschland, Australien, Neuseeland und Südafrika haben wir herausgefunden, dass es überall auf der Welt Gangs gibt, die die Crips bis hin zu ihrem Slang nachahmen", sagte Becnel.[36]

Darauf folgte 1998 das autobiografische Buch „Life in Prison", das für die etwas älteren Schüler [7.- zur 9. Klasse] gedacht ist. Darin beschreibt Williams alle Grausamkeiten des Lebens im Gefängnis. Er will so den Mythos bekämpfen, dass das Gefängnis eine „Gladiatorenschule" sei, wie es oft in den Armenvierteln der USA erzählt wird. Das Buch ist abwechslungsreich und spannend geschrieben und erreicht sein Ziel auf jeden Fall. Grossen Einfluss auf die Gefangenenzahl in den USA wird es jedoch wohl kaum haben. Sämtliche Einnahmen die mit den Kinderbüchern gemacht wurden, gingen an das „Internet Project for Street Peace" und an das Neighborhood House of North Richmont in Kalifornien, das sich für arme Familien einsetzt.

Ein weiteres Mittel, das Williams kreierte, um die Jugendgewalt zu stoppen, war „The Tookie Protocol for Peace – A Local Street Peace Initiative". Es handelt sich dabei um eine Art Vertrag, der zwischen zwei Parteien (meist zwei gegnerische Gangs, aber auch sonstige Konfliktparteien sind möglich) abgeschlossen wird. Darin sind diverse Vereinbarungen enthalten, die sämtliche Gewalt zwischen den Parteien stoppen soll. Eine solche Vereinbarung ist zum Beispiel: „A-14: WE INVOLVED PARTIES will work side by side to do whatever is ethical to uphold the Peace Accord and Proclamation, and we vow to live in harmony" (Williams 2004: 331). Dieser Vertrag ist auf tookie.com aufgeschaltet und befindet sich am Ende seiner autobiografischen Bücher "Blue Rage, Black Redemption: A Memoir" und „Redemption". Der rund 15-seitige „Vertrag" wird auch heute noch regelmässig

---

[35] Die Wochenzeitung, 8. Dezember 2005 – Terminators Entscheid

[36] Die Weltwoche, 2.August 2001 – Der gute Gangster

eingesetzt, vor allem in Gefängnissen, wo oft Bandenkriege herrschen: „I get letters, even with Stan dead, at least 1, sometimes 2-3 almost every day from prisoners throughout the United States, asking me to send them copies of the Tookie Protocol for Peace, and that they are implementing peace within the prison system, where Crips and Bloods and various gangs are battling within prisons[37]".

Am 3. März 2004 erschien „Redemption: The Stan Tookie Williams Story", ein Spielfilm über Williams Leben, mit Jamie Foxx in der Hauptrolle. Das Ziel des Filmes war es, Williams' Geschichte für das grosse Publikum weltweit öffentlich zu machen. Der Film bewirkte auch positive Veränderungen in Sachen Jugendgewalt. In Newark, New Jersey, sollen einige Teenager aus Gangs den Film gesehen, und darauf das „Tookie Protocol for Peace" ausgefüllt haben. Nachdem es in den ersten paar Monaten des Jahres 18 Morde in dem betreffenden Stadtteil gegeben hat, soll es den Rest des Jahres nach Unterzeichnen des Protokolls keinen einzigen Mord mehr gegeben haben.[38]

---

[37] Interview Barbara Becnel 01.10.2011, 7:00

[38] Interview Barbara Becnel 01.10.2011, 4:00-6:00

6.3 Besuch von Winnie Mandela und Nominationen zum Friedens- sowie Literaturnobelpreis

1999 wurde Williams von Winnie Mandela, der Ex-Frau von Nelson Mandela, besucht. Sie war durch sein „Internet Project for Street Peace" und seine Bücher auf ihn aufmerksam geworden. Die zweistündige Begegnung beschrieb sie als Höhepunkt ihrer Reise durch Kalifornien.[39] Auch Williams gab die Visite sehr viel, und er beschloss nach dem Besuch, sich einmal in Afrika bestatten zu lassen: „I want my body buried in Africa underneath a Yohimbe tree; or my cremated ashes scattered over Africa's Blue Nile river to feed the fishes and other organisms. Even in death, I can engender life. Peace and blessings to you, Ms Winnie Madikizela Mandela" (Williams 2004: 300).

Becnel hatte die Idee, Williams für den Friedensnobelpreis zu nominieren. Sie gelangte damit an Franziska Greber, die in der Schweiz in der Gewaltprävention tätig ist und dort Kontakte zu diversen Politikern hat. Greber stellte Becnel dem SP-Nationalrat Mario Fehr vor, den sie bei einem Vortrag zur Verwahrungsinitiative von 2000 kennen lernte. Dieser liess sich von Williams Arbeit und dem Internetprojekt[40] begeistern. Als Regierungsmitglied konnte er Williams 2000 für den Friedensnobelpreis nominieren. Obwohl die Chancen klein waren, dass Williams den Preis gewinnen würde, erreichte Fehr sein eigentliches Ziel: „Wenn meine Nominierung hilft, nicht nur seinen Kampf gegen die Jugendgewalt zu unterstützen, sondern auch die Diskussion über die Todesstrafe in den USA wieder anzuregen, dann ist schon sehr viel erreicht"[41]. Williams wurde durch die Nomination zusätzlich motiviert. Zudem verschwand nach der Nomination der misstrauische Unterton, mit dem die Medien über Williams' Sühne und seine Arbeit berichteten: „Up until [the nomination] the media was covering his work, and writing stories about his books, but they were extremely skeptical. They admitted that the work was good but they didn't take it entirely seriously. When he got nominated, that became international news

---

[39] Berner Zeitung, 5.Dezember 2000 – Ein Mörder schreibt Kinderbücher

[40] Tages-Anzeiger, 30.November 2005, Martin Killian, USA vor der 1000. Hinrichtung seit 1976

[41] SonntagsZeitung, 26. November 2000 – Fragen der Woche

and the US media and the public started taking him seriously[42]". Nach dieser ersten Nomination wurde Williams noch vier weitere Male für den Friedensnobelpreis[43], und viermal für den Literaturnobelpreis[44] nominiert.

6.4 Endgültige Versöhnung

Williams hatte, als er noch frei war, mit zwei verschiedenen Frauen je einen Sohn, Travon and Stanley. Um den Kindesunterhaltsgeldern zu entgehen, überzeugte er dazumal jedoch beide Frauen, ihn nicht als Vater anzugeben. Travon wurde von seiner Mutter grossgezogen, und Williams sah ihn nur wenige Male. Stanley wurde auch von seiner Mutter verlassen und wurde von den Grosseltern seiner Mutter grossgezogen.

Doch Travon besuchte seinen Vater ab und zu im Gefängnis: „I didn't become a father to Travon until he was twenty. That's when he began to accompany my mother to visit me, which she did once or twice a year" (Williams 2004: 307).

Stanley selbst eiferte seinem Vater nach und verschrieb sein Leben den Crips. Er wurde wegen Mordes zu lebenslänglicher Haft verurteilt. Durch die Gefängnispost konnte Williams Kontakt mit ihm aufnehmen. „[…] it was a blessing being able to hear from both Travon and Stan. I hope that one day we can reconnect as father and sons in society" (Williams 2004: 311). Dazu kam es jedoch nie.

Für Williams war es sehr wichtig, die Vergebung für seine Abwesenheit als Vater von beiden Söhnen zu erhalten. Als beide ihm vergaben, war für Williams seine Versöhnung mit sich selbst erreicht: „At last, with my two sons' forgiveness, I felt redeemed" (Williams 2004: 317).

---

[42] Interview Barbara Becnel 01.10.11, 28:00

[43] Für den Friedensnobelpreis kann jedes Mitglied einer Regierung oder eines internationalen Gerichts Vorschläge einreichen. Auch Professoren für Sozialwissenschaften Geschichte, Philosophie, Recht und Theologie sind dazu berechtigt, ebenso wie die Leiter von Friedensforschungsinstituten und ähnlichen Organisationen. (http://www.nobelpreise.info/nobelpreis.php)

[44] Die Nominierungen für den Literaturnobelpreis können von Mitgliedern der Schwedischen Akademie und ähnlichen Einrichtungen ausgesprochen werden. Außerdem von Literatur- und Linguistikprofessoren und den Präsidenten repräsentativer Schriftstellervereinigungen. (http://www.nobelpreise.info/nobelpreis.php)

6.5 Gnadengesuch

2005 erhielt Williams vom damaligen amerikanischen Präsidenten, George Bush den Call to Service Award, als Wertschätzung seiner Freiwilligenarbeit in Sachen Gewaltprävention.

Doch das Datum für Williams' Hinrichtung rückte immer näher, und die einzige Möglichkeit, die ihm noch blieb, diese zu verhindern, war ein Gnadengesuch an Arnold Schwarzenegger, damaliger Gouverneur von Kalifornien. Darin beteuerte Williams nochmals seine Unschuld in den Mordfällen, er entschuldigte sich für die Gründung der Crips und appellierte an die Wertschätzung seiner Gewaltpräventionsarbeit.

Schwarzenegger, der vorher schon zwei Gnadengesuche abgelehnt hatte, wurde nun also die Macht über Leben und Tod von Williams in die Hände gelegt, was bedeutet, dass die ganze Sache zum Politikum wurde. Hätte Schwarzenegger das Gnadengesuch bewilligt, hätte er bei den Demokraten und der schwarzen Bevölkerung Kaliforniens punkten können, jedoch dabei auch seine rechtskonservative Wählerschaft verärgert[45]. Es war im Vorfeld aber auch klar, dass Schwarzenegger kaum politischen Schaden davon tragen würde, wenn er die Hinrichtung zuliesse[46].

Weniger als 12 Stunden vor dem Hinrichtungstermin veröffentlichte Schwarzenegger seinen negativen Entscheid. In dem sechsseitigen Bericht schrieb er: „Ist Williams' Läuterung komplett und ernsthaft oder nur ein leeres Versprechen? Ohne eine Entschuldigung und Sühne für die sinnlosen und brutalen Morde kann es keine Erlösung geben. In diesem Fall wäre dies das klarste Zeichen für komplette Reue und volle Läuterung gewesen, doch das ist es, was Williams nie getan hat[47]".

Schwarzenegger nutzte also seine Macht als Gott und schickte Williams in den Tod, entgegen den 2000 Anhängern und Gegnern der Todesstrafe, die vor San Quentin demonstrierten, entgegen den 50'000 Unterschriften, die für eine Petition gegen Williams' Hinrichtung gesammelt wurden, und entgegen den diversen Berühmtheiten,

---

[45] Die Wochenzeitung, 8. Dezember 2005, Christoph Bühler - Terminators Entscheid

[46] Die Wochenzeitung, 8. Dezember 2005, Christoph Bühler- Terminators Entscheid

[47] Aargauer Zeitung, 14. Dezember 2005, Matthias B. Krause – Giftspritze in der Stahlkammer

darunter Bürgerrechtler Jesse Jackson, Sängerin Joan Baez oder Schauspieler Mike Farrell, die hinter Williams' standen.

Ausserdem fällt auf, dass Schwarzenegger von einer „Erlösung" spricht, doch was meint er damit? Williams hätte trotz Begnadigung den Rest seines Lebens hinter Gittern, in der 1,3 x 3 Meter kleinen Zelle, verbringen müssen.

Zudem schadete sich Schwarzenegger politisch durch den Entscheid trotzdem, entgegen seiner Erwartung: Der ohnehin durch seinen eingeschlagenen Rechtskurs im liberalsten Bundesstaaten angeschlagene Gouverneur verlor mit der Verweigerung der Begnadigung noch die letzten liberalen Wähler[48]. Diese Verweigerung führte unter anderem auch dazu, dass ihm die Grünen in Österreich seine Staatsbürgerschaft aberkennen wollten, und die Stadt Graz liess aus Empörung den Namen Schwarzenegger als Namen ihres Sportstadions entfernen. Seine Popularität, die Anfang 2005 bei 58 Prozent gelegen hatte, sank auf 35 Prozent Ende Jahr.

6.6 Todesstrafe in den USA

In der Nacht vom 13. Dezember 2005 um 00:01 wurde Williams mit der Giftspritze hingerichtet.

Gemäss der Verfassung der USA sind ungewöhnliche und grausame Strafen verboten, doch dieser Artikel beinhaltet nicht explizit das Verbot der Todesstrafe. Ist es aber nicht ungewöhnlich und grausam, einen Menschen 25 Jahre lang in eine Todeszelle zu sperren, mit der Absicht ihn irgendeinmal zu töten?[49] Doch das ist nicht alles. Das Todesritual in Williams Fall lief völlig schief und wurde zur reinen Folter. Barbara Becnel und vier weitere Freunde von Williams waren bei der Hinrichtung dabei und wurden Zeugen der unschönen Handlung. Mit ihnen waren ungefähr noch fünfunddreissig andere Leute in der Todeskammer, darunter Familienangehörige der Opfer und Leute von den Medien.

---

[48] Basler Zeitung, 5. Januar 2006, Rita Neubauer – Schwarzenegger steht unter Druck

[49] Tages-Anzeiger, 17. Dezember 2005, Dominic Schelling – Fragwürdiger Tod eines Mörders

Offenbar schien die Krankenschwester grosse Mühe damit zu haben, den Katheter, durch den das Gift fliessen würde, in Williams Arm zu platzieren: „It would be reported some nine months later that two of Stan's veins had collapsed during this nurse's effort to hook him up to the chemicals of death. And that a second catheter, which should have been connected to his right arm to allow for extra chemicals – if needed to speed up his death – was never attached, as required by San Quentin's lethal injection protocol" (Becnel 2004: Prologue). Darauf folgte die tödliche Injektion, die bei Williams' auch nicht sofort wirkte. Normalerweise wird der Verurteilte zuerst betäubt, dann werden alle Muskeln mit Ausnahme des Herzmuskels gelähmt, wobei die Erstickung beginnt, und zuletzt wird ein Herzinfarkt ausgelöst. Dies geschieht durch die Wirkung von drei Giften, die alle separat gespritzt werden. Der Tod tritt dabei normalerweise nach fünf Minuten ein, die Prozedur kann aber auch bis fünfundvierzig Minuten dauern[50]. „The midsection of Stan's body did not stay still. [...] And his convulsing continued for awhile. [...] It was clear that Stan was dying a very painful death, though his paralyzed face did not reflect his suffering" (Becnel 2004: Prologue). Ganze zehn Minuten dauerte William's Todeskampf. War dieser Vorgang tatsächlich schmerzhaft? Würde das zutreffen, wäre wirklich gegen die Verfassung verstossen worden. Das Betäubungsmittel, das zuerst gespritzt wird, wirkt sehr schnell, aber auch nur für verhältnismäßig kurze Zeit (5–15 Minuten), so, dass die Gefahr besteht, dass der Verurteilte wieder zu Bewusstsein kommt und durch die Wirkung der nachfolgenden überdosierten Medikamente qualvoll stirbt. Tierärzte setzen aus solchen Gründen beim Einschläfern von Tieren langwirkende Barbiturate ein[51]. Die Chance ist also tatsächlich gross, dass Williams einen extrem schmerzhaften Tod gestorben ist.

Die nächste Hinrichtung, die 2006 in Kalifornien hätte stattfinden sollen, konnte mit einer Klage abgewendet werden. Dort wurde die Giftspritze als eine ungewöhnliche und grausame Strafe beschrieben, die gegen die Verfassung verstosse. Dabei wurde Williams Hinrichtung als eines der vielen Beispiele von Häftlingen genutzt, die wahrscheinlich unter grossem Schmerz gestorben seien, was der Verfassung

---

[50] http://de.wikipedia.org/wiki/Giftspritze

[51] http://de.wikipedia.org/wiki/Giftspritze

widerspricht. In den Staaten Missouri und South Dakota wurde die Hinrichtung mit der Giftspritze mittlerweile eingestellt.

Diese Geschehnisse änderten jedoch nichts an der weiterhin sehr grossen Befürwortung der Todesstrafe, die heute immer noch herrscht in den USA. Laut einer neuen Umfrage der „New York Times" lehnen nur 27 Prozent der Amerikaner Hinrichtungen ab. Gemäss dem Umfrageinstitut Gallup ist dieser Wert seit den neunziger Jahren stabil[52]. Woher kommt diese Befürwortung? Zum Einen muss man sagen, dass dabei sicher noch eine grosse Portion Rassismus eine Rolle spielt. Denn laut Bundespolizei FBI waren in 80 Prozent der Fälle [seit 1976, Stand 2005], die mit einem Todesurteil endeten, Weisse die Opfer, Schwarze in 14 Prozent der Fälle – obwohl sechs Mal mehr Schwarze als Weisse ermordet werden[53]. Zum anderen dient das amerikanische Strafjustizsystem, nach Becnel, immer noch der Kontrolle der Unterschicht: „It's because of the roots of what our criminal justice system was based on, and it was based on controlling the fallout from slavery [slash] racism. Now it's 'how do we control poor black people, poor brown people and poor white people?' because they are still of fear that the underclass can get out of control[54]". Zudem kann man sagen, dass die Hinrichtungen in den USA auch als perverse Art von Unterhaltung dienen. Unterhaltung in dem Sinn, dass die Leute via Medien gespannt die Geschehnisse verfolgen, ob ein Straftäter nun tatsächlich hingerichtet wird, ob die Exekution verschoben wird, oder ob er gar begnadigt wird. So war es sehr wahrscheinlich pure Absicht, dass Schwarzenegger mit der Ablehnung der Begnadigung bis wenige Stunden vor Williams' Hinrichtungstermin gewartet hatte, hätte er doch vorher vier Tage Zeit für den Entscheid gehabt. Zudem wollte er durch die kurze Zeit zwischen dem negativen Entscheid und Williams' Tod wahrscheinlich Ausschreitungen verhindern. Auf Kaliforniens populärstem rechtem Talk-Radio-Sender KFI lief in den Wochen vor William's Exekution eine Sendung mit dem Titel: „Kill Tookie!". Darin wiederholten die Moderatoren unermüdlich, der

---

[52] NZZ am Sonntag, 25. September 2011, Andreas Mink – Politiker gegen die Todesstrafe – in den USA chancenlos

[53] Die Südostschweiz, 30. November 2005, Lynn Elber – Nur der Gouverneur kann helfen

[54] Interview Barbara Becnel, 01.10.11, 15:00-16:00

Mörder, der kaltblütig vier Menschen abgeknallt hat, und dabei bei den Zeugenaussagen auch noch gelacht haben soll, dürfe nicht begnadigt werden. Es war das umstrittenste, aber für Wochen auch das populärste Segment des Radiosenders[55]. So muss man feststellen, dass Becnel mit der Behauptung, „The death penalty is a modern day version of lynching. [...] Now [the only difference is, that] race and class are the factors, instead of just race[56]", gar nicht so unrecht hat.

Am 20. Dezember 2005 besuchten mehr als viertausend Menschen William's Gedenkgottesdienst. Obwohl eine grosse Spannung in der Luft lag, kam es während den 5 Stunden, die der Gedenkgottesdienst dauerte, zu keinen Zwischenrufen und keiner Gewalt zwischen den zahlreichen Bloods und Crips, die Abschied von Williams nehmen wollten. An der Gedenkfeier sprachen unter anderem der Rapper Snoop Dogg, der Bürgerrechtler Jesse Jackson, der amerikanische Bestsellerautor Tony Robbins und Louis Farrakhan, der Führer von der Neureligion Nation of Islam. Auch Franziska Greber sprach an der Gedenkfeier. Als Europäerin sagte sie, dass wir [Europäer] an Resozialisierung glauben und dass Williams' Botschaft auch in der Schweiz eine wichtige Bedeutung hatte[57].

Im Juni 2006 reisten Becnel und eine weitere Freundin von Williams nach Soweto in Südafrika und streuten seine Asche gemäss seinem Wunsch im Thokoza Park aus.

6.7 Aktuelles

Auf Williams' Wunsch liess Becnel seine Bücher in den letzten sechs Jahren weiterhin drucken und verkaufen. Sie nahm sich zudem vor, die vielen Aufsätze, die er geschrieben hatte, nach und nach auf der Website tookie.com zu veröffentlichen. Während meinen Recherchearbeiten war diese Homepage jedoch nicht erreichbar, und ich konnte Becnel darauf aufmerksam machen. Sie kümmert sich nun um die Wiederaufschaltung.

---

[55] Die Weltwoche, 8. Dezember 2005 – Ein Gnadenspektakel

[56] Interview Barbara Becnel, 01.10.11, 14:00

[57] E-Mail Franziska Greber 07.10.2011

Nach Williams' Tod rief Becnel den „Tookie Williams Legacy Fund" ins Leben um Organisationen zu finanzieren, die gefährdeten Jugendlichen helfen, nicht in Gangs zu gelangen. Zudem werden damit Interessengruppen unterstützt, die in den USA die Todesstrafe abschaffen wollen.

Ein weiteres Projekt, an dem Becnel arbeitet, ist das „Stanley Tookie Williams International Institute for Social Justice" in Senegal. „Right now the government has given us the land and we're raising money now, as we speak, to be able to, by fall of next year [2012], to break ground and starting the building of this project[58]".

In den nächsten paar Jahren plant Becnel ausserdem, weitere Bücher, die Williams hinterlassen hat, zu veröffentlichen: „He left me maybe about 5 or 6 more books. It's only been the past couple of years, that I was [emotionally] strong enough to be able to read them and edit them. Some of them are books for adults, some of them are kids books, so I will be editing them and getting them out over the next five to seven years[59]".

---

[58] Interview Barbara Becnel, 01.10.11, 10:00

[59] Interview Barbara Becnel, 01.10.11, 40:00

7. Schlussfolgerung

Der erste Teil meiner Arbeit, "Der Gangsterboss", zeigt auf, dass das Umfeld, in dem Williams aufgewachsen ist, einen grossen Einfluss auf seinen Werdegang als Strassengangster gehabt hat. Grund für seine einflussreiche Position als Mitgründer der Crips und Gangsterboss war sein weites Umherkommen in den ärmlichen Gebieten und Gesellschaftsschichten von Los Angeles, verursacht durch seine häufigen Schulwechsel und Jugendanstalts-Aufenthalte. Mit dem zunehmendem Drogenkonsum verlor Williams immer mehr die Kontrolle über sein Leben und ein Teufelskreis setzte sich in Gang. Er begann durch seinen Selbsthass Feuerwaffen zu benutzen, welche er dem Faustkampf immer untergeordnet hatte. Als er selbst angeschossen wurde, änderte sich seine Lebensweise nicht, im Gegenteil: Nach zwei Jahren in ständigem Drogenrausch und mit vielen verworrenen Ereignissen, die er selbst als schlimmste seines Lebens bezeichnete, wurde Williams verhaftet.

Im Teil "Gedanken zum Urteil" komme ich zum Schluss, dass bei Williams' Verurteilung vieles falsch lief und die Möglichkeit besteht, dass die Zeugen, die gegen Williams aussagten, die wahren Mörder in den vier Fällen sein könnten. Ich komme auch zum Schluss, dass Williams sehr wahrscheinlich durch diverse Medikamente urteilsunfähig gemacht worden war und dass in diesem Zustand keine Verurteilung möglich gewesen wäre. Auch die angeblichen Ausbruchspläne hören sich an, als wären sie bloss inszeniert worden, um die Jury gegen Williams zu überzeugen.

Im letzten Teil "Resozialisierung und Hinrichtung" behandle ich verschiedene Aspekte von Williams' Leben während seiner Gefängniszeit in San Quentin. Ich zeige die Entwicklung von Williams' selbstständigen Studien auf. Nachdem er erstmals Gefühle für die Opfer von Gang-Gewalt verspürte, veröffentlichte er mit Hilfe von Barbara Becnel eine Reihe von Kinderbüchern, die den Kindern helfen sollen, sich von Gangs fern zu halten. Die Bücher wurden in vielen Schulen in den USA eingesetzt. Es folgte ein weiteres Buch, das für etwas ältere Schüler gedacht ist und sich gegen diverse Gefängnis-Mythen einsetzt. Obwohl der Erfolg der Bücher in der Gang- und Gewaltprävention nur schlecht gemessen werden kann, zeigte sich ihre Wirkung durch diverse kleine Erfolgsgeschichten. Dasselbe gilt für das "Tookie Protocol for Peace" und den autobiografischen Film "Redemption". Dieser Film und die Nominationen für den Friedens- und Literaturnobelpreis änderten auch die Glaubwürdigkeit von Williams' Arbeit, die ihm von den Medien entgegengebracht wurde. Als Schwarzeneggers' Entscheid für das gestellte Begnadigungsgesuch anstand, hatte Williams Zehntausende Anhänger hinter sich und in den Weltmedien entbrannte eine Diskussion über die Todesstrafe in den USA. Aus politischen Gründen lehnte Schwarzenegger das Begnadigungsgesuch ab und Williams wurde durch die Giftspritze hingerichtet. Es ist sehr wahrscheinlich, dass Williams zehn-minütiger Todeskampf äusserst schmerzahft war und somit gegen die amerikanische Verfassung verstossen hat. Doch an der grossen Befürwortung der Todesstrafe in den USA änderte auch dieser Fall nichts.

Durch das Interview mit Barbara Becnel konnte ich erfahren, dass in den nächsten Jahren weitere Bücher von Williams folgen werden und dass nächstes Jahr [2012] in Senegal das "Stanley Tookie Williams International Institute for Social Justice" eröffnet wird.

Um den Kreis zu schliessen, komme ich auf meinen Beweggrund zurück, die Maturaarbeit über Stanley Tookie Williams zu verfassen. Die vier Musikstücke, die sich auf der beiliegenden CD befinden, habe ich aus ganz bestimmten Gründen ausgewählt: Sie fassen meine Arbeit zusammen. "1969" zeigt die Geburtsstunde der Crips - ein ganz unschuldiges Gespräch zwischen einigen Teenagern, die den Black Panthers nacheifern wollten. Damals wusste niemand, dass die Crips eine der gewalttätigsten und weitverbreitetsten Strassenbanden werden würden, die zehntausende von unsinnigen Morden zu verantworten haben. Doch wie kam es zu dieser Verbreitung der Gang innerhalb der USA und den zahlreichen Nachahmer-Gangs weltweit? Oftmals wird dafür der Gangsterrap verantwortlich gemacht, der diese gewalttätige Kultur zum Teil verherrlicht und sich über MTV und das Internet weltweit verbreitet hat und eine ganze neue Jugendkultur hervorgebracht hat. Von zwei Rappern, Daz und Kurupt, die selbst aktive Crips in Los Angeles waren, und die Rap & Hip-Hop Szene fast ein Jahrzehnt lang prägten, stammt der nächste Song. Er handelt von dem täglichen Drogenkonsum, der von den Gang-Mitgliedern praktiziert wird. Ausgewählt habe ich ihn, weil er aus meiner Sicht Williams' Leben wenige Monate vor seiner Verhaftung gut beschreibt. Die Zeilen "Sherm sticks get me to floating I'm a balance the motion - Keep setting, getting prepared for busting and shooting" waren dabei besonders ausschlaggebend. Sie handeln vom PCP [Sherm-Stick]-Konsum und wie man dadurch in Stimmung kommt zu schiessen. Der Song provoziert den Gedanken, ob nun Williams wohl tatsächlich im Drogenrausch die Morde begangen hat.

Der nächste Song, "San Quentin", wurde von Johnny Cash 1969, dem Geburtsjahr der Crips, geschrieben. Das Lied passt auch noch vierzig Jahre später zum amerikanischen Gefängnissystem, das sich in dieser Zeit wenig verändert hat. Dieses basiert nicht auf Wiedereingliederung in die Gesellschaft, sondern zielt auf ein Brechen der Persönlichkeit. Die Kraft, die Williams hatte, sich in San Quentin zu ändern und sein Leben der Gewaltprävention zu widmen, ist bemerkenswert.

Der letzte Song stammt von Big L aus New York. Er handelt vom Potential und Talent, das in den Strassen für schnelles Geld durch Verbrechen verschwendet wird. Verdient man sich sein Geld unehrlich, endet man im Gefängnis oder wird angeschossen. Damit hat er natürlich völlig recht. Das Talent, das eigentlich in den Strassen der ärmlichen Gegenden vorhanden ist, dringt ab und zu zu uns durch. Ich spreche zum Beispiel von Musikern wie Ray Charles, WeltsportlerInnen wie die Williams-Sisters oder SchauspielerInnen und Models wie Tyra Banks - alle aus South Los Angeles. Man stelle sich vor, was für Leute da noch zum Vorschein kämen, wäre die Arbeitslosenquote im normalen Bereich und nicht bei vierzig Prozent, wie im Vorwort thematisiert.

Big L's Lied ist ein Anti-Gewaltsong und ein Gegenstück zum gewaltverherrlichenden Song von Daz und Kurupt, welche heute mehrfache Millionäre sind und Snoop Dogg auf seinen Konzerttourneen begleiten. 1999, vier Jahre nach Aufnahme des Songs, wurde Big L erschossen. Der Anschlag hatte angeblich seinem Bruder gelten sollen. Dieser wurde vier Jahre später, nach der Entlassung aus dem Gefängnis auf der gleichen Strasse erschossen. Der angebliche Mörder wurde gefasst, aber er wurde wegen mangelnder Beweise wieder freigesprochen - *American criminal justice at it's finest.*

8. Quellenverzeichnis

Bücher und Dokumente

Bing, L. (1991). *Do or Die: For the first time, members of America's most notorious teenage gangs - the Crips and the Bloods - speak for themselves.* New York, USA: HarperCollins Publishers Inc.

Cooley S. / Dixon P. / Monaghan J. / Walgren D. (2005). *Los Angeles County District Attorney's Response to Stanley William's Petition for Executive Clemency.* Los Angeles, USA

Federal Bureau of Investigations (2009). *Crips and Bloods Drug Gangs - The FBI Files.* Minnesota, USA:Filiquarian Publishing LLC.

Jah, Y. / Shah'Keyah, S. (1995). *Uprisings: Crips and Bloods Twll the Story of America's Youth in the Crossfire.* New York, USA: Simon & Schuster Inc.

Morris, D. (2008). *War of the Bloods in my Veins: A Street Soldier's March Toward Redemption.* New York, USA: Simon & Schuster Inc.

Scott, K. (1993). *Monster: The Autobiography of an L.A. Gang Member.* New York, USA: Grove/Atlantic Inc.

Simpson, C. / Pearlman, A. (2005). *Inside the Crips: Life inside L.A.'s most notorious gang.* New York, USA: St. Martin's Griffin

Williams, S. / Becnel, B. (2004). *Redemption: The Last Testament of Stanley Tookie Williams. Gang Leader turned Nobel Prize Nominee.* Preston,GB: Milo Books

Williams, S. / Becnel, B. (1998). *Life in Prison.* New York, USA: William Morrow and Company Inc.

Williams, S. / Becnel, B. (1996). *Tookie Speaks Out Against Gang Violence: Gangs and Weapons.* New York, USA: The Rosen Publishing Group Inc.

Williams, S. / Becnel, B. (1996). *Tookie Speaks Out Against Gang Violence: Gangs and the Abuse of Power.* New York, USA: The Rosen Publishing Group Inc.

Filme

Crips and Bloods: Made in America (2008). Peralta, Stacy/ Davis, Baron (Regie und Produktion), DVD, 93min., Verso Entertainment

Lords of the Mafia - Gangsta King: Raymond Lee Washington: An Inside Look at International Organised Crime (2005). DVD, 45min., Retro Multimedia

Redemption: Früchte des Zorns (2004). Vondie, Curtis-Hall (Regisseur), DVD, 95min., Best Entertainment AG

Tribute Stanley Tookie Williams 1953-2005: Sometimes death is more revealing than life (2008). Becnel, Barbara/Neal, Shirley (Regie und Produktion). DVD, 66min., STW Legacy Productions and Park Hill Entertainment

Artikel aus Zeitschriften

Bühler, Christoph (2005): *Terminators Entscheid*. In: Die Wochenzeitung vom 08.11.2005

Elber, Lynn (2005): Nur der Gouverneur kann helfen. In: Die Südostschweiz vom 30.11.2005

Killian, Martin (2005): *USA vor der 1000. Hinrichtung*. In: Tages-Anzeiger vom 30.11.2005

Krause, Matthias B. (2005): Giftspritze in der Stahlkammer. In: Aargauer Zeitung vom 14.12.2005

Landolt, Corinne (2006): "Stanley Williams hat mir persönlich viel gegeben". In: Tages-Anzeiger vom 11.01.2006

Mink, Andreas (2011): Politiker gegen die Todesstrafe - In den USA chancenlos. In: NZZ am Sonntag vom 25.09.2011

Munker, Barbara (2000): *Ein Mörder schreibt Kinderbücher*. In: Berner Zeitung vom 05.12.2000

Neubauer, Rita (2006): Schwarzenegger steht unter Druck. In: Basler Zeitung vom 05.01.2006

o.V. (2000): *Fragen der Woche*. In: SonntagsZeitung vom 26.11.2000

o.V. (2001): *Der gute Gangster*. In: Die Weltwoche vom 02.08.2001

o.V. (2005): *Ein Gnadenspektakel*. In: Die Weltwoche vom 08.11.2005

Schelling, Dominic (2005): Fragwürdiger Tod eines Mörders. In: Tages-Anzeiger vom 17.12.2005

Internet

2 shot at Athens area high school (20.09.08): http://abclocal.go.com/kabc/story?section=news/local&id=6402868 (abgerufen 27.10.11)

Job Corps (2011): http://www.jobcorps.gov/home.aspx (abgerufen 27.10.11)

Phencyclidin (21.10.2011): http://de.wikipedia.org/wiki/Phencyclidin#cite_note-ChemIDplus-1 (abgerufen 27.10.11)

Facing Execution, Tookie Williams Hopes for Clemency (21.11.2005): http://www.npr.org/templates/story/story.php?storyId=5021167 (abgerufen 27.10.11)

Dead Man Walking (2011): http://www.imdb.com/title/tt0112818/ (abgerufen 27.10.11)

San Quentin State Prison (17.07.2011): http://de.wikipedia.org/wiki/San_Quentin_State_Prison (abgerufen 27.10.11)

Lethal Injection for Execution: Chemical Asphyxiation? (24.04.07): http://www.plosmedicine.org/article/info:doi/10.1371/journal.pmed.0040156 (abgerufen 27.10.11)

The LAPD Officer's Trial: A Chronology (Datum unbekannt): http://law2.umkc.edu/faculty/projects/ftrials/lapd/lapd.html (abgerufen 27.10.11)

Der Nobelpreis - Nominierungsprozess (Datum unbekannt):
http://www.nobelpreise.info/nobelpreis.php (abgerufen 28.10.11)

Letale Injektion (24.09.11): http://de.wikipedia.org/wiki/Letale_Injektion (abgerufen 27.10.11)

Interview mit Barbara Becnel vom 01.10.2011 (40:29)

Tondokument des Interviews auf: https://soundcloud.com/#jswizzle99/b-becnel-interview-10-01-2011 (abgerufen 17.01.2013)